रज़ा
पुस्तक माला

गगनवट

संस्कृत मुक्तकों का स्वीकरण

रज़ा फ़ाउण्डेशन | THE RAZA FOUNDATION

गगनवट

संस्कृत मुक्तकों का स्वीकरण

मुकुन्द लाठ

राजकमल प्रकाशन

रज़ा पुस्तक माला : **कविता**
प्रधान सम्पादक : अशोक वाजपेयी | सम्पादक : पीयूष दईया
राजकमल प्रकाशन प्रा.लि. और रज़ा फ़ाउण्डेशन का सह–प्रकाशन

ISBN : 978-93-88753-10-4

मूल्य : ₹795

पहला राजकमल संस्करण : 2019

प्रकाशक : राजकमल प्रकाशन प्रा. लि.
1–बी, नेताजी सुभाष मार्ग, दरियागंज
नई दिल्ली–110 002

शाखाएँ : अशोक राजपथ, साइंस कॉलेज के सामने, पटना–800 006
पहली मंज़िल, दरबारी बिल्डिंग, महात्मा गांधी मार्ग, इलाहाबाद–211 001
36 ए, शेक्सपियर सरणी, कोलकाता–700 017

वेबसाइट : www.rajkamalprakashan.com
ई–मेल : info@rajkamalprakashan.com

मुद्रक : यश प्रिंटोग्राफिक्स
नोएडा–201 301 (उत्तर प्रदेश)

GAGANVAT *Sanskrit Muktakon Ka Sweekaran*
Poems by Mukund Lath

चाचा जी को
सादर

आमुख

कलाओं में भारतीय आधुनिकता के एक मूर्धन्य सैयद हैदर रज़ा एक अथक और अनोखे चित्रकार तो थे ही उनकी अन्य कलाओं में भी गहरी दिलचस्पी थी। विशेषत: कविता और विचार में। वे हिन्दी को अपनी मातृभाषा मानते थे और हालाँकि उनका फ्रेंच और अँग्रेज़ी का ज्ञान और उन पर अधिकार गहरा था, वे, फ्रांस में साठ वर्ष बिताने के बाद भी, हिन्दी में रमे रहे। यह आकस्मिक नहीं है कि अपने कला–जीवन के उत्तरार्द्ध में उनके सभी चित्रों के शीर्षक हिन्दी में होते थे। वे संसार के श्रेष्ठ चित्रकारों में, २०–२१वीं सदियों में, शायद अकेले हैं जिन्होंने अपने सौ से अधिक चित्रों में देवनागरी में संस्कृत, हिन्दी और उर्दू कविता में पंक्तियाँ अंकित कीं। बरसों तक मैं जब उनके साथ कुछ समय पेरिस में बिताने जाता था तो उनके इसरार पर अपने साथ नवप्रकाशित हिन्दी कविता की पुस्तकें ले जाता था : उनके पुस्तक–संग्रह में, जो अब दिल्ली स्थित रज़ा अभिलेखागार का एक हिस्सा है, हिन्दी कविता का एक बड़ा संग्रह शामिल था।

रज़ा की एक चिन्ता यह भी थी कि हिन्दी में कई विषयों में अच्छी पुस्तकों की कमी है। विशेषत: कलाओं और विचार आदि को लेकर। वे चाहते थे कि हमें कुछ पहल करनी चाहिये। २०१६ में साढ़े चौरानवे वर्ष की आयु में उनकी मृत्यु के बाद रज़ा फ़ाउण्डेशन ने उनकी इच्छा का सम्मान करते हुए हिन्दी में कुछ नयी क़िस्म की पुस्तकें प्रकाशित करने की पहल *रज़ा पुस्तक माला* के रूप में की है, जिनमें कुछ अप्राप्य पूर्व प्रकाशित पुस्तकों का पुनर्प्रकाशन भी शामिल है। उनमें गाँधी, संस्कृति–

चिन्तन, संवाद, भारतीय भाषाओं से विशेषतः कला–चिन्तन के हिन्दी अनुवाद, कविता आदि की पुस्तकें शामिल की जा रही हैं। सभी पुस्तकों पर रज़ा साहब और उनके समकालीन मित्र चित्रकारों आदि की प्रतिकृतियाँ आवरणों पर होंगी।

संस्कृत काव्य की विपुलता और वैभव का अकसर ज़िक्र होता है। मुकुन्द लाठ उन बिरले कवि–चिन्तकों में से हैं जिन्होंने इस काव्य के अपार लालित्य को हिन्दी में सुघरता और संवेदनशीलता से लाने की कोशिश की है। राजशेखर के हवाले से वे इन्हें 'स्वीकरण' कहते हैं। वे इस अर्थ में स्वीकरण हैं भी कि उन्हें पढ़ते लगता है कि आप मूल हिन्दी कविता ही पढ़ रहे हैं। हमें प्रसन्नता है कि हम *रज़ा पुस्तक माला* के अन्तर्गत इस संचयन को एक बार फिर हिन्दी पाठकों के समक्ष रसास्वादन के लिए ला रहे हैं।

अशोक वाजपेयी

दिसम्बर २०१८, नयी दिल्ली

प्रस्तावना

हर्ष का विषय है (विशेषकर मेरे लिये) कि 'स्वीकरण' फिर से 'गगनवट' शीर्षक से छप रही है। पहला प्रकाशन बहुत वर्ष हुए, १९९१ में नेशनल पब्लिशिंग हाउस ने किया था।

रज़ा .फ़ाउण्डेशन की *रज़ा पुस्तक माला* के अन्तर्गत प्रचुर पुस्तकें छपी हैं और छप रही हैं। पुस्तकें संख्या में ही प्रचुर नहीं हैं, अपने विषय में भी व्यापक हैं। प्रकाशन की ऐसी योजना अप्रतिम है।

'स्वीकरण' शब्द मेरा नहीं, पुराना है—१२वीं सदी के काव्याचार्य राजशेखर का है। मैंने शब्द 'कविता का एक भाषा से दूसरी भाषा में काव्यानुवाद' —इस अर्थ में लिया है। ऐसे अनुवाद राजशेखर के समय नहीं होते थे। आधुनिक काल से पहले हमारे यहाँ ऐसे अनुवाद की परम्परा ही नहीं थी।

राजशेखर ने 'स्वीकरण' का प्रयोग इसे 'हरण' से व्यावृत्त—अलग— करने के लिए किया है। हरण, अर्थात् चोरी—दूसरे की कविता चुरा लेना और अपना कह कर चलाना। यह चोरी इसलिए होती थी कि राजशेखर के समय हरेक सभ्य-शिष्ट कहलानेवाले व्यक्ति से सहृदय होने की अपेक्षा रखी जाती थी, और सहृदय से कवि होने की। १९वीं सदी के उर्दू समाज में भी यह चलन देखा जा सकता है। अचम्भा नहीं कि ऐसे में हरण का भी चलन आम था।

राजशेखर कहते हैं कि नयी कविता बनती ही पुरानी चली-आती कविताओं की परम्परा के भीतर है—यों पुरानी कविता को 'ले लेना' कोई बुरी बात नहीं—बल्कि अनिवार्य है। पर उसे सचमुच 'अपना लेना' उपाय-कौशल चाहता है। राजशेखर ऐसे उपायों का विस्तार से वर्णन करते हैं। इसके

लिए पुरानी कविता का रूपान्तर आवश्यक था जो कई तरह से किया जा सकता था, जिन्हें राजशेखर खोल कर दिखाते हैं।

पर इस यान्त्रिक से उपाय से कविता हो सकती है क्या? राजशेखर कहते हैं कि अन्तः के उन्मेष बिना कविता नहीं हो सकती। इसके लिए प्रतिभा अनिवार्य है। फिर भी उपाय सहाय कर सकते हैं।

'स्वीकरण' शब्द राजशेखर ने गढ़ा था। पर इसके पीछे जो धारणा है, विचार है, वह ध्वन्यालोक के विख्यात लेखक, भाषा में एक नये अर्थलोक —व्यंजना—के द्रष्टा, महत् दार्शनिक आनन्दवर्धन का है। आनन्दवर्धन अपने ग्रन्थ में ध्वनि (व्यंजना) की शास्त्रीय स्थापना करने के बाद पूछते हैं कि यह जो स्थापना हुई है, यह क्या शास्त्रमात्र-सार नहीं? इससे कवि को क्या लाभ? उत्तर देते हुए आचार्य कहते हैं कि मनुष्य के चित्त में जितने भाव हैं, पुरानी कविता में उनकी सक्षम अभिव्यक्ति हो चुकी है, आज का कवि नया क्या कर सकता है? पर कविता तो नयी ही होती है। आनन्दवर्धन की दृष्टि में यह नयापन व्यंजना का ही नयापन होता है। पुरानी कविता की व्यंजना बदल दी जाय तो कविता नयी हो जाती है। यहाँ आनन्दवर्धन उदाहरण के लिये मुक्तकों के प्रसिद्ध संग्रह 'अमरुशतक' से एक जानी-मानी कविता लेकर उसमें ऐसा व्यंजना-भेद दिखाते हैं कि कविता सर्वथा सर्वथा नयी दिखती है। व्यंजना का आहरण कैसे किया जाये, आनन्दवर्धन इसके उपाय भी बताते-दिखाते हैं।

मेरे अनुवाद इन पुराने रास्तों पर नहीं चलते। 'स्वीकरण' मेरे लिये अनूदित कविता का रूपान्तरण नहीं, उलटे उस कविता के स्वरूप-स्वभाव को, भाव-मर्म को बजा रखते हुए उसे एक नयी भाषा में उतारना है।

एक बात और कहना चाहूँगा। संस्कृत कविता मुक्तक-प्रधान है। बड़ी कविताओं में, महाकाव्यों में भी, यह प्रवृत्ति देखी जा सकती है। मैंने अपने 'अनुवचन' में मुक्तक पर कुछ लम्बी चर्चा की है। पाठक उसे देखेंगे तो इन कविताओं में उसकी पैठ बढ़ सकती है।

—मुकुन्द लाठ

दिसम्बर, २०१८

भूमिका

कविता से पहले भूमिका वैसी ही लगती है जैसे गाने से पहले बोलना। पर ये कवितायें प्राचीन हैं। इनके मूल स्वरूप और इतिहास का कुछ परिचय पाने की जिज्ञासा पाठक के मन में जाग सकती है। कुछ मैं भी अपने प्रयास के बारे में कहना चाहता हूँ। इन बातों का संयोजन कविताओं के बाद किया है, 'अनुवचन' में।

इन कविताओं में से कुछ विजयदान जी देथा द्वारा संचालित 'रुँख' में छप चुकी हैं। 'अनुवचन' के रूप में जो लेख है, उसका भी एक बड़ा हिस्सा वहाँ छपा था। उनके, यहाँ, उपयोग की अनुमति के लिए विजयदान जी देथा का आभारी हूँ।

'स्वीकरण' नाम के लिए कवि-सहृदय राजशेखर का ऋणी हूँ। दूसरे की कविता को अपना लेना राजशेखर कविकर्म का उचित और समर्थ सम्बल मानते थे। इसी को उन्होंने 'स्वीकरण' कहा है।

—मुकुन्द लाठ

३ अक्टूबर,
शरद पूर्णिमा, १९९०

क्रम

मिल गया अच्छा मेल

उजड़ा गाँव
पुराना मन्दिर : भग्न-सा खण्डहर पड़ा
निर्जल इधर यह ताल
आगे नग्न-सा तरुवर खड़ा

दुर्गत पथिक हम भी
सताये नियति के
ठहरे कहीं तो आ यहीं!

मिल गया अच्छा मेल : कड़ुवा ही सही

अयं शून्यो ग्रामः सुरसदनमेतन्नु पतितं
पुरः शुष्का वापी तरुरयमितः शीर्णविटपः।
वयं चैते पान्थाः परिकृशदशाभाग्यगतयः
समानः संयोगः कटुरपि मनो मे रमयति॥

जल्हण

ग्रीष्म

यह सूना वन
ज्यों मेरा मन

लम्बे लम्बे उत्ताप-भरे
मेरी ही साँसों जैसे दिन

सूखी नदियाँ, सूनी धारा
ज्यों मेरा मन

अहमिव शून्यमरण्यं वयमिव तनुतां गतानि तोयानि।
अस्माकमिवोच्छ्वासा दिवसा दीर्घाश्च तप्ताश्च॥

पुरुषों को कौन समझ पाया

''काला है''
''सच काला है''
''ना, धौला है''
''धौला बिलकुल''

''अब चलो चलें''
''तो उठो साथ''
''ना, कौन चले''
''हाँ, चलें कहाँ?''
मेरे ही मन की बात
सदा यों रखता था
कैसी उसने आँखें फेरीं

पुरुषों को
कौन समझ पाया?

इदं कृष्णं कृष्णं प्रियतम ननु श्वेतमथ किं
गमिष्यामो यामो भवतु गमनेनाथ भवतु।
पुरा येनैवं मे चिरमनुसृता चित्तपदवी
स एवान्यो जातः सखि परिचिताः कस्य पुरुषाः॥

प्रेम का इति–अथ

कभी पलक की ओट
कनखियों से पलभर को देख लिया
अनदेखा–सा,
दो बातें कीं, उखड़ी–उखड़ी
छू लिये भीड़ में कभी गात

देखी थी तेरी यही बात
जब तुझे प्रेम था नया–नया

फिर देख रही हूँ वही बात
जब प्रेम गया

अविशदचलं नेत्रप्रान्तावलोकनमस्फुटं
चकितचकिता वाचः स्पर्शः क्वचिज्जनसंकुले।
इति तव मया प्रेमारम्भे य एव निरीक्षिताः
कठिनमनसे द्रष्टा भावास्त एव विरज्यतः॥

अन्तर्निदाघ

ये बादल के उखड़े-उखड़े
टुकड़े निराश
जैसा मैं हूँ—
टूटे-हारे निष्फल-प्रयास
पर्वत की दुर्गम घाटी में बिखरे छितरे

आकार-विभव में विपुल
विफल ज्यों मेरे मन में आस
अनगिनत ये नदियाँ निर्जल
अपने भीतर-भीतर ही घुट-घुट कर
मिटतीं निदान

अमी व्यर्थारम्भा दुरधिगमभूभृत्परिसरे
विषक्ता लक्ष्यन्ते वयमिव हताशा जलधराः।
ममेवान्तश्चेष्टाविफलविपुलाकारविभवाः
स्वभूमौ यान्तीमाः परिणतिमसंख्याश्च सरितः॥

जयवर्धन

उसकी ही छवि

जातिवाचक शब्द का भी
करता हूँ विशेष ही अर्थ।
कोई 'स्त्री' जब कहता है,
बातों-बातों में कभी कहीं
आँखों के आगे आती है
उसकी ही छवि

कैसा अनर्थ

सामान्यवाचि पदमप्यमिधीयमानं
मां प्राप्य जातममिधेयविशेषनिष्ठम्।
स्त्री काचिदित्यमिहिते हि मनो मदीयं
तामेव वामनयनां विषयीकरोति॥

उठी काँप

तू क्यों डोले फूली–फूली
जो उनके ही हाथों की आँकी
बेल बनी
तेरे कपोल?
क्या नहीं और को यह सुहाग?

क्या कहूँ अरी
जो उठी काँप
कम्पन ही बैरन बीच पड़ी

मा गर्वमुद्वह कपोलतले चकास्ति
कान्तस्वहस्तलिखिता मम मञ्जरीति।
अन्यापि किं न सखि भाजनमीदृशानां
वैरी न चेद्भवति वेपथुरन्तरायः॥

छठ का सहेट

छठ की महिमा
तुझसे क्या कहूँ री
मैं जंगल गयी
पेड़ पूजने।
तभी एक साँप आ निकला।
दीवानी-सी मैं भागी
जूड़ा तितर-बितर
कपड़े तार-तार
काँटों से छलनी हो गयी।
कौन हूँ
कहाँ हूँ
सब भूल गयी।

व्रत हो तो
ऐसा

षष्ठ्यां गन्तुमरण्यमस्मि चकिता यत्रार्चयन्ती द्रुमान्
दृष्ट्वैवापतिता भुजङ्गममितो व्यस्तापयान्ती ततः।
विश्लिष्यद्वसना विकीर्णकबरी जातक्षता कण्टकैः
कास्मीति स्वमहं न वेद सखि तद्वन्ते व्रतं तादृशम्॥

गोविन्दस्वामी

मैं

मैं
भटकता कितना फिरा
सागर–घिरी सारी धरा!
कोई नहीं ऐसा मिला
जिसको सभी
मन में पले सुख–दुख
सुना सकता कभी
पल आध पल विश्राम करता
साथ जिसके
साँस ले ठण्डी कहीं

अस्मामिश्चतुरम्बुराशिरशनावच्छेदिनी मेदिनी
भ्राम्यद्भिर्न स कोपि निस्तुषगुणो दृष्टो विशिष्टो जनः।
यस्याग्रे चिरसंचितानि हृदये दुःखानि सौख्यानि वा
संजल्प्य क्षणमेकमर्धमथवा निःश्वस्य विश्राम्यते॥

शतानन्द

चितेरा मन

तूलिका है, फलक है, मसि है
वही तू भी, वही हैं हाथ मेरे
क्यों डिगा फिर
भीग आया
जड़ हुआ

पर देख, मन को देख
इसका आँक जौहर
क्या नहीं मन आँकता है
बिना साधन
यही आँखों के तले

मसीयं तूलीयं फलकमिदमेष त्वमधुना
जडोसि स्विन्नोसि स्खलसि खलु पाणे कथमिव।
अमुष्य प्रावीण्यं कलयसि न किं हन्त मनसो
विना यत्सामग्रीं सुभगशतमग्रे विलिखति॥

फूट पड़ी

"यों दुबली क्यों?"
"मेरे अंगों की यही धात"
"मुँह पर काली-सी क्यों झाँई?"
"थी चूल्हे पास रसोई में"
"आयी क्या मेरी याद कभी?"
"ना ना ना कभी नहीं" कहते
रुँध गया गला
हिचकी-सी बँध आयी
छाती से मेरी लग कर फूट पड़ी

कृशा केनासि त्वं प्रकृतिरियमङ्गस्य ननु मे
मलाधूम्रा कस्माद्गुरुजनगृहे पाचकतया।
स्मरस्यस्मान्कच्चिन्नहि नहि नहीत्येवमगम-
त्स्मरोत्कम्पं बाला मम हृदि निपत्य प्ररुदिता॥

मारुला

पर प्रिये

तुम्हारा रोष भी जल बुझेगा,
रह ले भले कुछ दिन
सरल भृकुटी कठिन
फिर खिल उठेगी चाँदनी
स्मित की सहज

पर प्रिये
सूने दिन
तुम्हारे बिन
चले जो जायेंगे
क्या लौट आयेंगे कभी?

अवश्यं कोपाग्निस्तव सुतनु निर्वास्यति चिरा-
त्स्वशोभाभारूढं मुखमपि च ते हास्यति शुचम्।
भवद्गोष्ठीशून्या मम तु दिवसा यान्ति य इमे
न तेषामावृत्तिः पुनरपि मनो दूयत इति॥

भट्ट कर्णाट

अब मान गयी

''एरी तेरे आ गये कान्त''
सुनकर भी मानी बात नहीं
आँखों के भी आगे आये
तो मन ने कहा
''छलावा है''

जब गले मिले
तो भी
खोयी-खोयी सी ही
सपना-सपना-सा जान रही

''अच्छी तो हो''
पूछा प्रिय ने
उभरी स्मित की रेखा
धीरे
लज्जा से नीचे झुके नयन

अब मान गयी

आयातो दयितस्तवेति वचसा न श्रद्दधे भाषितं
चक्षुर्गोचरतां गतोपि सुमुखी भ्रान्तिं निजां मन्यते।
कण्ठाश्लेषगतेपि शून्यहृदया स्वप्नान्तरं शंकते
वार्ता पृच्छति भर्तरि स्मितमुखी लज्जावती तुष्यति॥

कहता क्या है बात?

बात गयी
दिन गये
पुरानी क्या छेड़ें ?

रहने दे बस
रहने भी दे
उस निर्मोही की बात

मगर चल
कहती है तो कह दे री
कह भी दे अब
कहते हैं बैरी की भी सुन

क्यों, कहता क्या है बात ?

अलमलमघृणस्य तस्या नाम्ना
पुनरपि सैव कथा गतः स कालः।
कथय कथय वा तथापि दूति
प्रतिवचनं द्विषतोपि माननीयम्॥

वासुदेव

मान

कर ली भृकुटी भी कुटिल
आँखें तरसने दे देखने को
डपट इनको फेर लूँगी

देह सारी
ओट आँचल के छुपा ली
देख लेना
बोल मुँह का
निकलने मुँह से न दूँगी

बस नहीं बस एक मन पर
रहे व्याकुल
कौन मन को देखता है?

ला सखी, ला अभी उनको
मान कब तक कर रहूँगी

भ्रूभेदो रचितस्तदीक्षणपरे निस्तर्जिते लोचने
गात्रं प्रावृतमंशुकेन सकलं वृत्तिर्गिरां संयता।
चेतः केवलमाकुलं भ्रमति मे तत्केन वा दृश्यते
गत्वा सत्वरमानय प्रियतमं मानः कृतोयं मया।

दो मृगनयन

सच
संग उसका आज है
तो कल नहीं

सच
संग उसका स्वप्नलीला
मोह की

सच है
सभी सच, जानता हूँ
आज का रस
कल विरस हो जायेगा

सौ बार सच सच
सोचता है मन
कहाँ पर अलग होते प्राण से
दो मृगनयन

अलमतिचपलत्वात्स्वप्नमायोपमत्वा-
त्परिणतिविरसत्वात्संगमेनांगनायाः।
इति यदि शतकृत्वस्तत्त्वमालोचयाम-
स्तदपि न हरिणाक्षीं विस्मरत्यन्तरात्मा॥

धर्मकीर्ति

किसके आगे रोती हूँ

''बाले''
''नाथ''
''रोष छोड़ो, मत मान करो''
''क्या मेरे रोष किये बिगड़ा?''
''मेरे दुखिया मन से पूछो''
''सब मेरा ही था दोष, तुम्हारा दोष नहीं''
''फिर यों घुट-घुट कर रोना क्या?''
''कब किसके आगे रोती हूँ?''
''मेरे आगे''
''कुछ हूँ तेरी?''
''सब कुछ हो तुम''
''ना झूठ, तभी तो रोती हूँ''

बाले, नाथ, विमुच्य मानिनि रुषं, रोषान्मया किं कृतं,
खेदोस्मासु, न मेपराध्याति भवान् सर्वेपराधा मयि।
तत्किं रोदिषि गद्‌गदेन वचसा, कस्याग्रतो रुद्यते,
नन्वेतन्मम, का तवास्मि, दयिता, नास्मीत्यतो रुद्यते॥

कुमार भट्ट

मानवती?

''गात भी सूखें
भले फट जाये छाती
काम अब मुझको नहीं
उनके कपट इस प्रेम से''

यों मान के आक्रोश में
बोली
हुआ स्वर तार

फिर सन्देह से चौंकी
उधर देखा
जिधर थी बाट प्रियतम की

स्फुटतु हृदयं कामः करातु तनुं तनुं
न खलु चटुलप्रेम्णा कायं पुनर्दयितेन मे।
इति सरभसं मानाटोपादुदीर्य वचस्तया
रमणपदवी शारङ्गाक्ष्या सशंकितमीक्षिता॥

अमरु

माँ जाती है?

निखरे दिन वसन्त के
निर्जन
वन का आँगन

तरुणाई
तुम पर छायी है
चकित
काम से मेरा भी मन

माँ जाती है ?
जाने दो
तुम रुको यहीं
क्यों नहीं ?

बात करने वालों की
बन आयी है
और सही

मधुर्मासो रम्यो विपिनमजनं त्वं च तरुणी
स्फुरत्कामावेशे वयसि वयमप्याहितभराः ।
व्रजत्वम्बा मुग्धे क्षणमिह विलम्बस्व यदि वा
स्फुटस्तावज्जातः पिशुनवचसामेष विषयः ॥

वल्लण

सूरज भी चाँद हुआ

गरमी की दोपहरी में
सूनी पड़ी सड़क
सूरज का किसने तेज सहा?

पर सड़क बीच
यह तरुण युगल
जब मीठी–मीठी घुली बात
अब तो सूरज भी चाँद हुआ

निदाघतीव्रसंतापशून्यरथ्यान्तरस्थयोः ।
अन्योन्यालापसुखिनोर्यूनोश्चन्द्रायते रविः ॥

भूल भी जाओ

पर्वतों की तलहटी में चलो
झरनों में नहा लो
कमल का रस लो
सुखद लीला करो, गजराज

सहला दे विवश काया तुम्हारी
राग-चंचल प्रिया

अब बस भूल भी जाओ
कहाँ किस सिंह से जा
जूझना है आज

केलिं कुरुष्व परिभुंक्ष्व सरोरुहाणि
गाहस्व शैलतटनिर्झरिणीपयांसि।
भावानुरक्तकरिणीकरलालितांग
मातंग मुंच मृगराजरणाभिलाषम्॥

आनन्दवर्धन

क्यों आम

क्यों आम
किस-किस भौंरे को तू
किस-किस कोयल को
लुभाता रहेगा
नाहक?

सदा के लोभी
ये मिठबोले
घड़ी भर गुण गायेंगे
उड़ जायेंगे

अपने पत्तों को सँवार
पागल
ये बढ़ेंगे
तो बढ़ेगा तू

तेरा पोर-पोर
फूलेगा
फलेगा

हे चूतद्रुम किं मुधैव मधुपान्प्रीणासि किं कोकिला-
ञ्जल्पन्तो मधुराणि नित्यमलिना नैते चिरस्थायिनः।
तानुल्लासय पल्लवाननुदिनं यैराहितामुन्नतिं
बिभ्राणः प्रतिपर्वनिर्भरफलैरुत्तुंगतां यास्यसि॥

कीर्ति

चर्चा बुरी पराये घर की।
पर चुप कैसे रहूँ
सहज हूँ मुखर
यही मुझ दक्षिणवासी का स्वभाव

राजन्
घर–आँगन हाट–हाट
पीनेवालों के जमघट तक
हर कहीं घूमती पागल–सी
यह प्रिया तुम्हारी
कीर्ति

किं वृत्तान्तैः परगृहगतैः किं तु नाहं समर्थस्-
तूष्णीं स्थातुं प्रकृतिमुखरो दाक्षिणात्यस्वभावः।
गेहे गेहे विपणिषु तथा चत्वरे पानगोष्ठ्याम्
उन्मत्तेव भ्रमति भवतो वल्लभा हन्त कीर्तिः॥

विद्या

रिपु-भवन

धरती में काया दुबकाये
आँख गड़ाये बिल की ओर
दुम टाँगों के बीच दबाये
आशा पाले मन की ओर
धर दबोचने को तत्पर-सी
कान खड़े कर दोनों छोर
पाँव जमाये निपट निडर-सी
कँपा रही मूँछों की डोर

सूने महलों, बिल्ली राजन्!
जहाँ कभी थे बैरी घोर
पकड़ रही चूहे अपने मन
छुप कोने में अंग सिकोड़

रन्ध्रे संन्यस्तदृष्टिः क्षितिनिहिततनुः क्रोडसंलीनपुच्छः
प्रत्याशायोजितात्मा ग्रहणपरिणतः स्तब्धकर्णो विशङ्कः।
संकोचाबद्धदेहो नियमितचरणः प्रस्फुरच्छ्मश्रुजालः
शून्ये राजन्विडालस्तव रिपुभवने मूषिकानुच्छिनत्ति॥

योगेश्वर

आज घर घर गाँव खण्डहर

निठुर ठाकुर आ चढ़ा था
आज घर घर गाँव खण्डहर
कहीं तिनका तक नहीं ढूँढ़े मिलेगा

बच रहे हैं कहीं कुछ घर
नहीं छोड़े छुटा जिनसे
गाँव पुरखों का पुराना

बची अमवारी कहीं
बोली वहाँ भी पण्डुकी
पर नहीं मन को लुभा पाया
पण्डुकी का स्वर

समूचे गाँव भर फिरते निडर
ये नेवले

कैश्चिद्वीतदयेन भोगपतिना निष्कारणोपप्लुत-
प्रक्षीणैर्निजवंशभूरिति मितैरत्यज्यमाना: कुलै:।
ग्रामा निस्तृणजीर्णकुड्यबहुला: स्वैरं भ्रमद्बभ्रव:
प्राय: पाण्डुकपोतकण्ठमुखरारामे न यान्त्युत्कताम्॥

चुप री कोयल

चुप री कोयल
डैने उग आने दे पहले
नन्ही है तू
जब उड़ लेगी आकाश
तान पंचम की गा लेना जी भर

अब मुँह खोला तो ये कौवे
पल में जानेंगे, मिठबोली
नन्ही काया का तार-तार
बिखरा देगी ठोकर-ठोकर

परभृतशिशो मौनं तावद्विधेहि नभस्तलोत्-
पतनविषये पक्षौ स्यातां न यावदिमौ क्षमौ।
ध्रुवमितरथा द्रष्टव्योसि स्वजातिविलक्षण-
ध्वनितकुपितध्वाङ्क्षत्रोटीपुटाहतिजर्जरः॥

अचलसिंह

चुप रह गयी कोयल

कहीं झीं-झीं झींगुरों की
कहीं कां-कां, लड़ रहे काले भुजंगे
कहीं बगुले हाँकते हैं
चीख़ते हैं कहीं बन्दर
कहीं हुक्का हुआ की तीख़ी लगायी रट
सियारों ने निरन्तर

ठिठक चुप रह गयी कोयल
छिड़े ऐसे में कहो कैसे
सुरीली तान पंचम ?

क्वचिज्झिल्लीनादः क्वचिदतुलकाकोलकलहः
क्वचिद्घोरः फेरुध्वनिरयमहो दैवघटना
क्वचिद्घोरः फेरुध्वनिरयमहो दैवघटना
कथंकारं तारं क्वणतु चकितः कोकिलयुवा॥

तो फूल गया

सूनी पगडण्डी पर हाण्डी थी पड़ी
दही की भरी, खुली।
काने कौवे ने जो देखा
तो फूल गया

चल पड़ा ठसक से
सिर ऊँचा कर सौ–सौ उसने लिये पैंतरे
जैसे जीता गढ़ कोई

अब ऐसे में भी
कौवा फूले नहीं भला
तो कब फूले?

पथि निपतितां शून्ये दृष्ट्वा निरावरणाननां
दधिभृतघटीं गर्वोन्नद्धः समुन्नतकन्धरः।
निजसमुचितास्तास्ताश्चेष्टा विकारशताकुलो
यदि न कुरुते काणः काकः कदा नु करिष्यति॥

भट्ट मल्लट

श्मशान में गीध

जलबुझ गयी-सी चिता में
जागी लपट
जब गीध कुछ आये झपट
डैने बड़े झटकारते
मच गयी होड़ाहोड़

खींचा शव चिता बाहर
भयानक चोंच की ठोकर
चली अधजली काया पर

दहकता मांस मोटा निगल
बूढ़ा गीध भीतरजला
कैसा लपकता-सा, विकल
पल में ले मिला
ठण्डा नदी जल

चंचत्पक्षाभिघातज्वलितहुतवहप्रौढधाम्नश्चिताया:
क्रोडाद्धयाकृष्टमूर्तेरहमहमिकया चण्डचञ्चुग्रहेण।
सद्यस्तप्तं शवस्य ज्वलदिव पिशितं भूरि जग्ध्वार्धदग्धं
पश्चान्त: प्लुष्यमाण: प्रविशति सलिलं सत्वरं गृध्रवृद्ध: ॥

पाणिनि

प्रेत

सूखी सिकुड़ी कंकाल देह
ठठरी पर उभरा शिराजाल
फूला-फूला-सा
प्रेत
घूमता चिता-चिता

लाकर बटोरे ढेर
जल कर बचे शव के छीछड़े
खा-खा छका

लम्पट सियार
टुकड़ों के लोभी
घेर खड़े

नीली-नीली आँखें तरेर
तेवर से उनको दुतकारा
फिर चूस-चूस मज्जा-रीते
हड्डी के घुमा-घुमा फेंके
गिन-गिन उन पर अनगिन टुकड़े

अर्धप्लुष्टं बहुभ्यः शवपिशितमुपाहत्य हृष्टश्चिताभ्यो
जातग्रासातिरेकः स्फुटतरधमनीनद्धशुष्कार्द्रकायः।
प्रेतः संतर्ज्य दृष्ट्या कुटिलपरुषया मज्जनिष्कर्षशुष्कै-
राहन्त्याहारलुब्धान्मुहुरभिततो जम्बुकानस्थिखण्डैः॥

जयादित्य

होनी

जब धूप चढ़ी
किरणों ने गंजे के
सिर ऊपर किया वार।

जा बचा, दौड़ कर
बेल-तले की छाया में।

पर हाय, तभी
फल गिरा
बेल का पका, वहीं।

फट गयी खोपड़ी
गंजे की।

होनी ने ही
जिसको मारा,
विपदा भी चलती साथ-साथ
जा छुपे कहीं।

खल्वाटो दिवसेश्वरस्य किरणैः सन्तापितो मूर्धनि-
च्छायामातपवैरिणीमनुसरन् बिल्वस्य मूलं गतः।
तत्राप्याशु कदाचिदेव पतता बिल्वेन भग्नं शिरः
प्रायो गच्छति यत्र भाग्यरहितस्तत्रापदां भाजनम्॥

ताड़

इसकी छाँह
तो अपने आपको भी
पूरी नहीं

ठण्डी हवा
सुहाना तला
इनकी यहाँ, इस कड़ी धूप में
बात ही क्या करें

कहते हैं
सौ साल में फलेगा
कहने की बात है
हम ही नादान थे
जो ऊँचाई का धोखा खा गये

छाया नात्मन एव या कथमसावन्यस्य निष्प्रग्रहा
ग्रीष्मोष्मापदि शीतलस्तलभुवि स्पन्दोनिलादेः कुतः।
वार्ता वर्षशते गते किल फलं भावीति वार्तेव सा
द्राधिम्णा मुषिताः किंचच्चिरमहो तालेन बाला वयम्।

ओछे साथी

फुनगी के पंछी दूर कहीं उड़ गये
बन्दरों ने फल तो फेंक दिये
और अलग खड़े देखते रहे।
छाया में बैठे बटोही की थकान मिट चुकी थी,
उसने हटकर अपना बचाव किया।

जब पेड़ पर कुल्हाड़ी चली
तो सारे-के-सारे ओछे निकले
किसी ने साथ नहीं दिया।

शाखानामुपरिस्थितैः शकुनिभिर्दूराद्गृहीता दिशः
सद्योभुक्तफलैर्विवृत्य कपिभिः पश्यद्भिरेव स्थितम्।
छायापास्तपरिश्रमैश्च पथिकैरात्मा परं रक्षितो
न क्षुद्रैर्निपतन् निशातपरशावात्मार्पिता शाखिनि॥

अभिनन्द

जंगल का राजा कौन बना?

टेढ़ी जर्जर–सी पूँछ उठा
सर पर ला रक्खी, रे सियार

मुरदा हाथी मिल गया,
निवाले गटक गया झट वहीं चार

जा पैठा सूनी गुफा कहीं
मर थका हार

जंगल का राजा कौन बना?

उदस्योच्चैः पुच्छं शिरसि निहितं जीर्णजटिलं
यदृच्छाव्यापन्नद्विपपिशितलेशाः कवलिताः।
गुहागर्ते शून्ये सुचिरमुषितं जम्बुक सखे
किमेतस्मिनकुर्मो यदसि न गतः सिंहसमताम्॥

भट्ट इन्दुराज

मदान्ध

रस के लोभी भँवरे
गुन-गुन
जिसका गुणगान करते थे

दिसावर से आये पंछी
जिसमें सुख से
बसेरा करते थे

गरमी के घाम में
सैकड़ों बटोही
जिसका आसरा ढूँढ़ते थे

उस छाया के धनी पेड़ को
किसी पागल हाथी ने आज
गिरा दिया।

उच्चैर्यो मधुपानलुब्धमनसां भृङ्गाङ्गनानां गणै-
रुद्गीतो रचितालयः खगकुलैर्देशान्तरादागतैः।
आसीद्यश्च निषेवितोध्वगशतैर्ग्रीष्मोष्मतान्तिच्छिदे
सोयं सम्प्रति दुर्मदेन दलितश्छायातरुर्दन्तिना॥

बेआसरा

जड़ के पास ही कोटर है
कोटर में साँप।

ऊपर गीध बैठा है,
नीचे काँटे हैं
और सब ओर कीड़े ही
कीड़े!

पर पेड़!
यहाँ मरुस्थल में
और कहाँ जायें?
तुम्हारा ही आसरा है!

फणी मूलश्वभ्रे वपुरविरलं कीटपटलैः
शिरो गृध्रश्रेणीविधुरितमधः कण्टकचितम्।
इतीदं जानीमश्चिरमपथभाजस्तव तरो
तथाप्यस्यामक्ष्मारुहि भुवि भवानेव शरणम्॥

वैद्यगदाधर

लेकिन अशोक

हाँ, ऊँचे तो हो,
नीचे तक छाये भी हो

घनी घनी छाँह में
इठलाते पत्ते हैं
फूलों की बड़ी पूँजी है

लेकिन अशोक!
तुम्हारे नीचे बैठे
ये हारे-थके बटोही
फलों को तरस जाते हैं

किं ते नम्रतया किमुन्नततया किं ते घनच्छायया
किं ते पल्लवलीलया किमनया चाशोक पुष्पश्रिया।
यत्वन्मूलनिषण्णखिन्नपथिकस्तोमः स्तुवन्नन्वहो
न स्वादूनि मृदूनि खादति फलान्याकण्ठमुत्कण्ठितः॥

कविराज

जाग उठी है हवा

नये आम के पेड़ पर
पात पात में बौर

हरे हरे अंकुर ये
तोड़ तोड़ जाती हैं

रस की घनी
बूँदें टपकाती हैं
भौंरों की चंचल रंगरेलियाँ

तीख़ी-सी महक से
जाग उठी
हवा

मिथः क्रीडालोलभ्रमरभरभग्नाङ्कुररस-
प्रसेकप्रोन्मीलत्परिमलसमालब्धपवनः ।
इतोप्येष श्रीमानविरलमिदानीं मुकुलितः
प्रयच्छत्युन्मादानहह सहकारद्रुमयुवा ॥

बसन्त में अशोक

डाल-डाल पोर-पोर फूल
फूल आये हैं
सूना कहीं छोड़ा नहीं
अंग-अंग छाये हैं

बौद्ध भिक्षु बना यह अशोक,
भगवा पहने, शून्य का पाठ पढ़ाता है आज

जो भी इधर आता है
सूना घर जाता है।

नीरन्ध्रनिर्यत्सुमनोनिकायकाषायपट्टप्रणयादशोकः।
जग्राह भिक्षुव्रतमध्वगानां मनःसु शून्यत्वमिवोपदेष्टुम्॥

मङ्खक

यह मरुथल है

जानते नहीं यह मरुथल है
यहाँ हवा
नाक के आगे रहती है
अपनी ही साँस की

और पानी—
बस आँखों में रहता है।
कोई काम
जो होता भी है
तो मन-ही-मन में

यहाँ मन में सौ आस लिये
बटोही
पेड़ के पास आते हैं
और पेड़?
इस आस में बैठा है
कि उनके पसीने से
अपनी प्यास बुझाये

नासाग्रे पवनः परं नयनयोरापः क्रिया चेतसि
स्थैर्यं दाहभरेषु किं नु विदिता नैता मरुक्षोणयः
यत्राशाशतसम्भ्रमेण पथिकैर्लब्धोपि भूमीरुह
स्तेषामेव निदाघबिन्दुनिचयैः सेकस्थितिं वांछति॥

सोढगोविन्द

मलय-पवन

छलछल करता आ भरा
नारियल में जल, उसको
दे हिलोर

कावेरी-तट के ताड़ों पर
बँध रहे सुरा के भाण्ड
उन्हें झकझोर झोर।

केलों के नीले फूलों को
दे फल, शीतल
यह मलय पवन
द्राविड़ बालाओं के कपूर-गोरे
कपोल पर ठिठक-ठिठक
अब चली मन्द
गति तोड़-तोड़

पानीयं नालिकेरीफलकुहरकुहूत्कारि कल्लोलयन्तः
कावेरीतीरतालद्रुमभरितसुराभाण्डभांकारचण्डाः।
उन्मीलन्नीलमोचापरिचयशिशिरा वान्त्यमी द्राविडीनां
कर्पूरापाण्डुगण्डस्थललुठितरया वायवो दाक्षिणात्याः॥

बिल्हण

मुरला नदी को

किसने अहा,
तेरा किनारा
इन निचुल के पेड़ों से ढक दिया है

धार तक फैली घनी छाया
ठण्डी हवा की अठखेलियाँ
पनकुकरी का भीना स्वर
नरम रेत का बिछौना

यहाँ गाँव की ढीठ लड़कियाँ
निडर, निरन्तर किसी की
बाँहों में खेल सकती हैं

सिकतिलतला सान्द्रच्छायास्तटान्तविलबिनः
शिशिरमरुतां लीलावासाः क्वणज्जलरंकवः।
अविनयवती निर्विच्छेदस्मरव्ययदायिनः
कथय मुरले केनामी ते कृता निचुलद्रुमाः॥

विद्या

सिरस

तोते के जैसे पंख
हरे उजले कोमल
फूलों की बाँधे ज़टा
सिरस की डाल-डाल

ठण्डक आयी है सिमट वहीं
दिन की गरमी से जोगन हो
कर लिया बसेरा सिरस तले

शुकपत्रहरितकोमलकुसुमशटानां शिरीषयष्टीनाम्।
तलमाश्रयति दिनातपमयेन परिपिण्डितं शैत्यम्॥

वागुर

आभास

गीले-गीले जूड़े में
चमेली का हार।
उरोज पर ठण्डी
पाडर की माला।
कानों में सुकुमार
सिरस

गरमी के दिन
दिखायी देते हैं।

तोयोत्तीर्णाः श्रयति कबरी शेखरः सप्तलानां
शैत्यं सिंचत्युपरि कुचयोः पाटलाकण्ठदाम।
कान्तं कर्णावभिनिविशते कोमलाग्रं शिरीषं
स्त्रीणामङ्गे विभजति तपस्तत्रतत्रात्मचिह्नम्।

मधुरशील

लू

जल–भुन कर काले
बाज–पड़े जंगल का
काजल आँखों में

चिनगारी–सी ले चली
रेत

प्यासे अजगर के मुँह में जा
प्याला भर लायी है
विष का

पथ के हारे की साँस–साँस
का ताप लिये

धू–धू करते
दावानल–सी
आ गयी हवा

आध्मातोद्धतदाववह्निसुहृदः कीर्णोष्णरेणूत्कराः
संतप्ताध्वगमुक्तखेदविषमश्वासोष्मसंवादिनः।
तृष्णार्ताजगरायतास्यकुहरे क्षिप्रप्रवेशोत्कटाः
भ्रूभङ्गैरिव तर्जयन्ति पवना दग्धस्थलीकज्जलैः॥

क्षेमेन्द्र

वही कोयल

सौ बार सुना
अमवारी में

सौ बार कान में पड़े बोल
उस कोयल के

फिर आज सुना
क्यों उठी कसक ?
आँखें भीगीं
रह गयी काँप

वारंवारमनेकधा सखि मया चूतद्रुमाणां वने
पीतकर्णदरीप्रणालवलितः पुंस्कोकिलानां ध्वनिः।
तस्मिन्नद्य पुनः श्रुतिप्रणयिनि प्रत्यङ्गमुत्कम्पितं
तापश्चेतसि नेत्रयोस्तलरता कस्मादकस्मान्मम॥

भोजदेव

कनेर

गहरे नील, मोरकण्ठी
भौरों से जड़े
लाल चटख फूल

पर्वत की चोटी पर
कनेर
मुकुट पहने खड़ा है।

महीध्रमूर्ध्नि भ्रमरेन्द्रनीलैर्विभक्तशोभः शिखिकण्ठनीलैः।
गृहीतभास्वन्मुकुटानुकारस्ततान कान्तिः नवकर्णिकारः॥

कुमारदास

गहरे अँधेरे / चाँद

किनारे आकाश के
गहरे अँधेरे
चाँद
सर को पंख में दे
हंस
जैसे नील जमुना छोर

एष सान्द्रतिमिरे गगनान्ते वारिणीव मलिने यमुनायाः।
भाति पक्षपुटगोपितचंचु राजहंस इव शीतमयूखः॥

चाँदनी का जाल

पेड़ों के झुरमुट में
काला अँधेरा

पत्तों के जाल से
चाँद की किरणें
उतरीं

अँधेरे को
पकड़ ले गयीं

गुल्मलीनमलिकर्बुरं तमः क्रष्टुकाम इव शर्वरीकरः।
सर्वतो विटपजालरन्ध्रकैः प्रेरयत्युदयशेखरः करान्॥

कुमारदास

आ गयी शरद

उजले–धुले कुछ मेघ छिटके गगन पर
हंस उठा कास के फूलों से
वन का आँगन।
जल ढला, खेत के छोरों पर
मटियाले तिनके छोड़ गया।

ढल चली नदी की धार
खुले ऊदे तट पर
उभरी चकोर के पाँवों की
रेखा, चंचल

शुभ्राभ्रं गगनं क्वचित्प्रविकसत्काशा वनाली क्वचि–
त्तोयोन्मुक्ततृणाग्रपंकजटिला क्षेत्रान्तभूमिः क्वचित्।
किं च क्वापि चकोरचारुचरणन्यासार्द्रमुद्राभृतो
दृश्यन्ते तटिनीविमुक्तपुलिनच्छेदा मनोहारिणः॥

संग्रामदत्त

नदी किनारे / खंजन

हट गयी काली घटा
हँस उठा उजला नील
कातिक का सवेरा

ढल गया जल
रेत की उभरी लहर पर
नदी किनारे

खंजन

अयं मेघव्यूहे बलिनि परिपन्थिन्यपसृते
शरज्जन्या:स्वैरं हसितमिव हर्षादविरतम्।
पय:पूरभ्रंशक्रमजनितसोपानसिकते
नदीतीरे धीरं चरति विशद: खंजनगण:॥

सुवर्ण

झड़बेरी

पक रहे हैं बेर
कैसे फीके से थे
बिलकुल
पीले से

भरा धीरे
रंग भूरा
सुर्ख़ हो गये लाल

फिर से अब
सूख चले
रस गया
सोंधा-सा कस गया
काया फिर सिकुड़ गयी
उखड़ गयी
फट
फट
कर

पुरः पाण्डुप्रायं तदनु कपिलिम्ना कृतपदं
ततः पाकोत्सेकादरुणगुणसंसर्गितवपुः।
शनैः शोषारम्भे स्थपुटनिजविष्कम्भविषमं
वने वीतामोदं बदरमरसत्त्वं कलयति॥

बिल्ला एक बादल

ढुल गयी	सारी कढ़ाई गगन की
आ गिरी सारे	चाँदनी की खीर
बिल्ला एक	बादल बड़ा-सा था खड़ा
झट	कर गया चट
बिजली	लपकती जीभ

पिबति व्योमकटाहे संसक्तचलत्तडिल्लतारसनः।
मेघमहामार्जारः सम्प्रति चन्द्रातपक्षीरम्॥

योगेश्वर

सवेरे-सवेरे

बिल्ली
सवेरे-सवेरे
चूल्हे तले से उठी
उठकर जम्हाई ले तनी
झाड़े अंग

कितनी राख में थी सनी!

मार्जारश्चुल्लितलादुत्थाय विजृम्भितायतो भूत्वा।
विधुनोति भस्मपरुषाण्यंगानि निशावसानेषु॥

गगनवट

आकाश बरगद-सा खड़ा
श्यामल घिरे बादल
घनेरे पात की जैसी छटा
बरसात की आ लगी
धरती पर झड़ी

जैसे जटा

आरोहवल्लीभिरिवाम्बुधाराराजीमिराभूमिविलम्बिनीभिः।
संलक्ष्यते व्योम वटद्रुमाभमम्भोधरश्यामदलप्रकाशम्॥

दक्ष

किलकिला

ऊपर जा दूर उड़ा
दोनों डैनों को झटपट झटकारा
पल भर नीचे को देख
निशाना लिया साध

झपटा फिर जल के बीच
लिये मछली निकला

किलकिला

उत्प्लुत्य दूरं परिधूय पक्षा-
वधो निरीक्ष्य क्षणबद्धलक्ष्यः।
मध्येजलं चञ्चति दत्तझम्पः
समत्स्य उत्सर्पति मत्स्यरंकः॥

रस के चसके

खेत के छोर
भागकर निकला खरहों का जोड़ा
पड़ गयी किसी की आँख
"पकड़ लो रे", दौड़ा
मच गया शोर
ले-ले लाठी हँसिया रस्सी
बालक बूढ़े
सब-के-सब उठ लपके खदेड़
इस रस के चसके सारे ही
झट धान काटना गये छोड़

क्षेत्रोपान्तपलायमानशशकद्वन्द्वं निरीक्ष्यापरा-
नाहूयातिरसेन कर्षकजनानारब्धकोलाहलाः।
हस्तावापितदात्ररज्जुलगुडैर्वृद्धैरवृद्धैः सह
त्यक्त्वा शालिचिकर्तिषामित इतो धावन्त्यमी पामराः॥

जाड़े का सवेरा

बन्दर काँपे
ठिठुरी बटेर

कुतिया
लतियायी गयी लाख
चूल्हे की गोद नहीं छोड़ी

जाड़े का मारा, दुखियारा
कछुवे–सा
अपने अंगों को
अपने ही अंगों में समेट
छुप जाना चाह रहा
कोई

कम्पन्ते कपयो भृशं जडकृशं गोजाविकं ग्लायति
श्वा चुल्लीकुहरोदरं क्षणमपि क्षिप्तोपि नैवोज्झति।
शीतार्तिव्यसनातुरः पुनरयं दीनो जनः कूर्मेव
स्वान्यङ्गानि शरीर एवं हि निजे निह्नेतुमाकाङ्क्षति॥

शतानन्द

बरसात का खेल

बरखा का पानी
खेतों में
मेड़ों तक ऊपर आया भर

मेढक बोले

छोरों पर
खस के झाड़ों की जड़ में
घोंघों के ढेर लगे
पीले-पीले मटियाले से

कच्चे, कीचड़ में सने
मोद में तने
उछलते दौड़ रहे ले छड़ी
तैर कर ऊपर जो आयी मछली
उस पर चुमकारा दे लपके

केदारे नववारिपूर्णजठरे किंचित्क्वणद्दर्दुरे
शम्बूकाण्डकपिण्डपाण्डुरततप्रान्तस्थलीवीरणे।
डिम्भा दण्डकपाणयः प्रतिदिशं पङ्कच्छटाचर्चिता
श्चुम्रूश्चुभ्रुरिति भ्रमन्ति रमसादुद्यायिमत्स्योत्सुकाः॥

अभिनन्द

गौरैया, आयी दल की दल

गाँव के पास
खेत में
कूड़ पड़े—हल गये निकल
गौरैया आतीं
लोट-लोट जातीं मिट्टी में
दल की दल

चल रहे पंख
उड़तीं, मण्डरातीं धरती पर
नख से खोदी मिट्टी उछाल
डैनों की पाकर हवा
उड़ी जो धूल
न उसके कण आँखों में
आयें झल
इस डर झटपट
झिपतीं खुलतीं गौरैया की पलकें
पल पल

हलाग्रोत्कीर्णायां परिसरभुवि ग्रामचटका
लुठन्ति स्वच्छन्दं नखरशिखराच्छोटितमृदः।
चलत्पक्षद्वन्द्वप्रभवमरुदुत्तम्भितरजः
कर्णाश्लेषभ्रामद्रुतमुकुलितोन्मीलितदृशः॥

दूध का दूध

दूध दूध, पानी का पानी
मछली भी कर लेती है
बड़े पुण्य से ही पाता है
कोई राजहंस का नाम।

मत्स्या अपि हि जानन्ति क्षीरनीरविवेचनम्।
प्रसिद्धं राजहंसानां यशः पुण्यैरवाप्यते॥

ये पदवी-धारी क्या निकला

औरों के काँधे दिये भार
जब चला

साथ सौ-सौ का घेरे झुण्ड चला
मुरदे की-सी अरथी निकली
ये पदवी-धारी क्या निकला

इसकी भी आँखें सदा अन्ध
कुछ कह तो देखो
कान बन्द

अनुयातानेकजनः परपुरुषैरुष्यतेस्य निजदेहः।
अधिकारस्थः पुरुषः शव इव न शृणोति नेक्षते कंचित्॥

जीता-जागता भूत

बहुत पढ़-लिख गया होगा
है अभी तू निरा मूरख

आँख रहते जो बना अन्धा
तुझे क्या देख लेगा?
क्यों गड़ा-सा खड़ा उसके सामने तू?

बोलता गूँगा
किसी भी बात का उत्तर
कभी क्या तुझे देगा?

कान रहते
बन रहा जो अभी बहरा
बात भी तेरी पड़ेगी कान उसके?

भूत जीता-जागता है
सिद्ध हो सकता नहीं।

स्तब्धस्तिष्ठसि पश्चदन्धपुरतः किं दर्शनाकङ्क्षया
जल्पन्मूकमुखादितः प्रतिवचः किं श्रोतुमाकाङ्क्षसि।
यः शृण्वद्बधिरः शृणोति स कथं विज्ञप्तिकां तावकीं
प्राणप्रेतमुपासमान न पठन्मूर्खस्त्वदन्यो जनः॥

वल्लण

राग विराग

आगे झुके कवि गीत गाते हों मधुर
ले खंग उद्यत खड़े हों
कुछ अंगरक्षक पास
दक्षिण देश के

मधु घोलता हो कान में
धीरे डुलाती चँवर
सुन्दर दासियों के वलय की झंकार का सुर
हो सको ऐसे कहीं
तो लूट लो रस जगत का
या फिर, यही तुमसे हमारी प्रार्थना
जा बसो वन में
ब्रह्म का धर ध्यान उर

अग्रे गीतं सरसकवयः पार्श्वतो दाक्षिणात्याः
पृष्ठे लीलावलयरणितं चामरग्राहिणीनाम्।
यद्येतत्स्यात्कुरु भवरसास्वादने लम्पटत्वं
नो चेच्चेतः प्रविश परमब्रह्मणि प्रार्थनैषा॥

उत्पलराज

लक्ष्मी के कृपापात्र

गौयें चराते खेलते थे कृष्ण जी
फिर क्या अचम्भा जो सती
लक्ष्मी सदा
इन साँड जैसी अकलवालों में बसें।

कृष्णः क्रीडितवान्गोभिरिति गोतुल्यबुद्धिषु।
पक्षपातवती लक्ष्मीरहो देवी पतिव्रता॥

अमृतदत्त

दावाग्नि

पर्वत पर जा चढ़ी
गर्त में गिरी
कभी उत्तुंग शिखर से
होड़ लगाती फिरी
जीभ लपकाती नभ में उड़ी
बिखरती धरती पर आ गिरी
कुंज में, झुरमुट में जा छुपी
गुफा में कोटर में आ भरी

रुकी, फिर फुनगी तक जा बढ़ी
घने वन में बिफरी
क्या नहीं आग ने किया

हवा के हाथ पड़ी

आरोहत्यवनीरुहः प्रविशति श्वभ्रं नगैः स्पर्धते
खं व्यालेढि विचेष्टते क्षितितले कुंजोदरे लीयते।
अन्तर्भ्राम्यति कोटरस्य विरमत्यालम्बते वीरुधः
किं तद्यन्न करोति मारुतवशं यातः कृशानुर्वने॥

योगेश्वर

पछवाँ

सन्नाती-सी पछवाँ आयी
ओले-ओले बरसाती-सी
हाथी की टक्कर—छिले, रिसे
कुछ कहीं चीड़
उनके रस-बसी, कसैली-सी
बिंध जाती जैसे अनी
भोज के पेड़ उखाड़े कितने ही
हिम की घाटी से जब निकली

रेवा के तट
लहरें उछाल चौंका जाती
छितरा जाती

चकवा-चकवी

भंजन्भूर्जद्रुमालीस्तुहिनगिरितटेषूद्गतास्त्वक्कराला:
रेवाम्भ:स्थूलवीचीचयचक्रितचलंचातकान् व्याधुनान:।
पाश्चात्यो वाति वेगद्रुततुहिनशिलाशीकरासारवर्षो
मातंगक्षुण्णसान्द्रस्नुतसरलतरत्सारसारी समीर:॥

ये हैं दूभर

रे वीर पथिक
दल बल साहस का ले सम्बल
तन धन के लम्पट
विकट लुटेरों से संकुल
निर्मम विंध्याचल के जंगल
तू पार सहज ही कर आया

अब निकट नगर
रे यहाँ नागरी के तीख़े
लीलाकटाक्ष से रुँधे पन्थ
ये हैं दूभर

तनुधनहरक्रूरस्तेनोत्कटां विकटाटवीं
तरति तरसा शौर्योत्सेकात्सरूसार्थवशाज्जन:
पुखरवधू लीलावल्गत्कटाक्षबलाकुल-
नगरनिकटे पन्था: पान्थ स्फुटं दुरतिक्रम:

दीपक

विन्ध्याचल के जंगल

दूर-दूर तक घनी बँसवारी है
हरी, तोतापंखी।

पेड़ों पर खेल-खेल में
हाथियों ने दाँतों से
घाव कर दिये हैं।

लताओं के झुरमुट में,
नदी-किनारे,
रतिक्लान्त युवती के कपोलों को
सुखाती सहलाती
भीनी-भीनी हवा आयी है।

ये ही हैं वो
विन्ध्याचल के जंगल!

इमास्ता विन्ध्याद्रेः शुकहरितवंशीवनघना-
भुवः क्रीडालोलद्विरदरदनारुग्णतरवः।
लताकुंजे यासामुपनदि रतिक्लान्ततरुणी-
कपोलस्वेदोम्भः परिचयनुदो वान्ति मरुतः॥

योगेश्वर

अब क्या देर?

इन पहाड़ों की बुझी अब आग
जंगल जल बुझे
उठ चले अंकुर जाग

बादल, टुकड़ियों में बिछ गये सब ओर
उठती धूल धो कर
खुले नभ के छोर

आयी फूट कोंपल घनी, कलियाँ नयी
घिर कर कदम्बों पर
बाढ़-सी छा गयी

अब क्या देर?
चुप थे मोर
चुप की गाँठ लो खुल गयी

शैलश्रेणिरपेतदावदहना दग्धप्ररूढं वनं
जीभूताङ्कुरदन्तुरा दशदिशो भूरेणुमुक्तं नभः।
किं चान्यत्कलिकोर्मिमेदुरमुखी जाता कदम्बच्छवि-
श्छिद्यन्ते कियता क्षणेन शिखिनां मौनव्रतगन्थयः॥

मोह

जामुन के फूलों में
गहरे
मधु आ भरा है।
पीकर
ये मतवाले तोते
भँवरों को
जामुन जान बैठे हैं
चोंच में लेते हैं,
उगल देते हैं।

ये भौंरे भी, देखो,
टेसू की नयी
लाल-लाल कोंपल को
फूल के धोखे,
बार-बार,
छेड़-छेड़ जाते हैं।

जम्बूनां कुसुमोदरेष्वतिरसादाबद्धपानोत्सवाः
कीराः पक्वफलाशया मधुकरीश्चुम्बन्ति मुंचति च।
एतेषामपि पश्य किंशुकतरोः पत्रैरभिन्नत्विषां
पुष्पभ्रान्तिभिरापतन्ति सहसा चंचूषु भृंगागनाः॥

राजशेखर

बसन्त में पीपल

चतुर पीपल ने देखो
अपने सारे
सूखे पुराने पत्ते
झाड़ फेंके हैं

लाल-लाल, जैसे तोते की चोंच
नरम-नरम, जैसे तुम्हारी हथेली
ऐसी रसीली नयी कोंपल से
किसी होंठ की लुनायी
लिया चाहता है

इदानीं प्लक्षाणां जरठदलविश्लेषचतुर-
स्थितीनामाबन्धः स्फुरति शुकचञ्चुपुटनिभः।
ततः स्त्रीणां हस्तक्षममधरकान्तिं कलयितुं
समन्तान्निर्याति स्फुटसुभगरागः किसलयः॥

तारे तगर के फूल

पौ फटी
छिटके पड़े तारे तगर के फूल
गिन लो
उँगलियों के पोर

मन्दी पड़ गयी लौ
दीये की
जैसे नया अंकुर लिये
हल्दी खड़ी

पारा जमा हो ढेर–सा
निष्पन्द, ऐसा चन्द्रमा

आकाश पूरब का,
पुरानी सुरा

ताराणां तगरत्विषां परिकरः संख्येयशेषः स्थितः
स्पर्धन्तेस्तरुचः प्रदीपकशिखाः सार्धं हरिद्राङ्कुरैः।
तत्र स्तम्भितपारदद्रवजडो जातः प्रगे चन्द्रमाः
पौ(रस्त्यं) च (पुराण)सीधुमधुरच्छायं नभो वर्तते॥

जाड़े का दिन

पक सूख चले तिल
पण्डुक को खेतों में लाये खींच-खींच

फलियाँ सरसों की हरी-हरी
फूलों को धीरे हटा, बढ़ीं।

सन को लहराती हवा, ओस भीनी,
ठिठुराती-सी आयी।

कुछ पथिक—किसी थोथे झगड़े को ले
नाहक बकझक करते
मन्दिर में आग तापते हैं।

पाकक्षामतिलाः समुत्सुकचितुं शक्ताः कपोतान् भुवः
श्यामत्वं फलीपीड्यमानकुसुमानापद्यते सर्षपान्।
वायुर्ण्यस्तशणस्तुषारकणवानभ्येति कम्पप्रदः
पान्थैः शुष्कविवादबद्धकलहैः पुण्याग्नि सेव्यते॥

योगेश्वर

सवेरे की नींद

साथियों ने
फिर पुकारा
"अभी आया" कहा,
उचटी नींद भी

मन भी यही अब चाहता है
"उठें"
बिस्तर छोड़ पर पाता कहाँ है
बटोही
इस ठण्ड में

आहूतोपि सहायैरामित्युक्त्वा विमुक्तनिद्रोपि।
आगन्तुकोपि पथिकः शैथिल्यं नैव विजहाति॥

मर्चु

गुणगान

“रूप में बेजोड़ हो तुम
दान में पानी भरे आगे तुम्हारे
कर्ण
फिर क्या अचम्भा
सब बटोही जो नाम जपते हैं तुम्हारा”

दूर से आया, थका-माँदा
ठिठुरता ठण्ड से, हारा पथिक
करता रहा गुणगान
आँखें करुण
मुँह की ओर बाँधे टकटकी
मिल जाय थोड़ी फूस, मुट्ठी भर सही
बस चाह इतनी

सुन रहा फूला
किसान

भद्रं ते सदृशं चादध्वगशतैः कीर्तिस्तवोद्गीयते
स्थाने रूपमनुत्तमं सुकृतिना दानेन कर्णो जितः।
इत्यालोक्य चिरं दृशा कृपणया दूरागतेन स्तुतः
पान्थेनैकपलालमुष्टिरुचिना गर्वायते हालिकः॥

योगेश्वर

फट गया कन्था पुराना

फूस की कुटिया बनी है
ग्राम-देवी के लिए

दुबका बटोही वहीं
जाड़े का सताया

एक कोने में कहीं

आया तभी
झोंका हवा का कड़कता
बज उठे बरबस दाँत
कन्था पुराना-सा गला-सा
कुछ और कसकर लपेटा
खिंच कर गले के पास
फँस कर एड़ियों में, रगड़ घुटने की लगी
फट गया कन्था पुराना

संविष्टो ग्रामदेव्यास्तृणघटितकुटीकुड्यकोणैकदेशे
शीते संवाति वायौ हिमकणिनि कणद्दन्तपंक्तिद्वयाग्रः।
पान्थः कन्थां निशीथे परिकलितजरत्तन्तुसन्तानगुर्वी
ग्रीवापादाग्रजानुद्वयघटनरटत्कर्पटां प्रावृणोति॥

बाण

हेमन्त पथिक

आग उपलों की जलायी
किया तिनकों का बिछौना
सिमट उसमें सो गये

ताना खुला बाना गला
कन्था लपेटा पुराना

सौ छेद से आयी हवा
जम गये पत्थर हो गये

सब घाव मन के फिर हुए
खुलकर नये

कल रात लम्बी सौ गुनी
ये पथिक
कुत्तों की तरह दुबके सिकुड़
कुबड़े बने
दुख रो गये

आरात्कारीषवह्नेः प्रविरचिततृणप्रस्तरान्तर्निषण्णैः
संशीर्णग्रन्थिकन्थाविवरवशविशच्छीतवाताभिभूतैः।
नीताः कृच्छ्रेण पान्थैः श्वभिरिव निबिडं जानुसंकोचकुब्जै-
रन्तर्दुर्वारदुःखद्विगुणिततरकृतायामयामास्त्रियामाः॥

हेमन्त

तोते के पर-सा रंग लिये, श्यामल
जौ के ये खेत बिछे,
कुहरे की झीनी-सी चादर
इनके छोरों पर, रात ढले।

उठ गयी करांकुल भोर-भोर
उभरी मीठी टंकार, गूँजती
''का'', ''का'', की
कुछ भर्रायी, ज्यों फँसे जवारी बीच गले

शुकहरितयवानां सीम्नि नीहारभासः
सपदि विगतनिद्राः क्रौञ्चकान्ताः क्षपान्ते।
विदधति कमनीयं क्वाणमुद्यत्ककारं
सरलितगलनालीजर्जरस्फाररेफम्॥

गाँव ये भरे-पुरे

पके भरे लहलह खेतों से घिरे
गाँव ये भरे-पुरे :
दिन-ढले आग जब उपलों की जल उठती है
उठता है ऊपर वलय धुएँ का
कुण्डल पहनाता इनको।

आभोगिनः किमपि सम्प्रति वासरान्ते
सम्पन्नशालिफलपल्लवितोपशल्याः।
ग्रामास्तुषारभरबन्धुरगोमयाग्नि-
धूमावलीवलयमेखलिनो हरन्ति॥

अभिनन्द

कश्मीर

ठण्डी हवा का हाथ
तन पर
पसीने की बूँद जब आयी उभर

शीतल स्फटिक-सा जल
जहाँ भी प्यास से सूखे अधर

आ लेट जाना छाँह में
हो चूर थक कर, दूर चल,

कश्मीर में यों, जेठ के दिन
घूमता है वही जिस पर
भाग्य का हो हाथ सर

स्वेदाम्भः कणिकाचितेन वपुषा शीतानिलस्पर्शनं
तर्षोत्कर्षजुषा मुखेन शिशिरस्वच्छाम्बुपानादरः।
दूराध्वक्लमनिःसहैरवयवैश्छायासु विश्रान्तयः
कश्मीरान्परितो निदाघसमये धन्यः परिभ्राम्यति॥

बाण भट्ट

पेड़ से आगे

दो घड़ी
इस पेड़ की
ठण्डी छाँह में
बैठ लो, बटोही

आगे कठिन
पथरीला रास्ता है

विटपिनि शिशिरच्छाये क्षणमिह विश्रम्य गम्यतां पथिकाः।
अतरुरवारिरतः परमसमशिलादुर्गमो मार्गः॥

आकांक्षा

तुम्हारा मीठा फल खाया
छाया में ठण्डा पानी पीया
नये चिकने पत्तों की सेज पर
सुख की नींद सोये
थकान मिटायी
देर तक सुस्ताते रहे
मन को चैन मिला

हम बटोही अब विदा लेते हैं
फिर तुम्हारा साथ मिले
ऐ रास्ते के पेड़!

भुक्तं स्वादु फलं कृतं च शयनं शाखाग्रजैः पल्लवै-
स्त्वच्छायापरिशीतलं च सलिलं पीतं विनीतः क्लमः
विश्रान्तं सुचिरं ततोपि मनसा प्राप्ता परा निर्वृति-
स्त्वं सन्मार्गतरुर्वयं चः पथिका भूयात्पुनः संगमः॥

पथ के पेड़

पथ के पेड़,
तुम पथ की शोभा हो
सौ साल जियो

आज फिर अपने पत्तों से
आकाश को घेर लो
अपनी डालों से
आकाश को चूमो

तुम्हारे तले
जब हम थक कर लेटे
तुमने पसीना पोंछ दिया
ताप मिटाया
और फल देकर
भूख

हे हे मण्डितमार्ग मार्गविटपिन् जीव्याः समाः शाश्वती-
रद्याप्यावृणु दिग्तटानि विटपैः सालैश्च चुम्बाम्बरम्।
मूले विश्रमणाशयैव लुठिता यन्न त्वया केवलं
धमार्तिः परिमोचिता फलशतैयावद्वयं तर्पिताः॥

छतनार पत्तों के तले

ऊपर कठोर सूरज है
नीचे कठिन, पाँव-तले कटती हुई,
धरती।
धूल-भरी तीख़ी हवा
झील को सुखा चुकी है।
फिर भी बटोही को भरोसा है,
प्राण नहीं जायेंगे।

तुम्हारे छतनार पत्तों के नीचे
आ बैठा है।

उपरि मिहिरः क्रूरः क्रूरास्तले चलभूमयो
वहति पवनः पांशूत्कर्षी कृशः सरसो रसः।
अहह न जहत्येते प्राणांस्तदैव किमध्वगा
यदि न भवतः पत्रच्छत्रं विशन्ति महीरुहः॥

पुरुसेन

वही पेड़

जंगल की आग में जला
पेड़
वही पेड़
अँकुराने लगा है फिर से
अँकुराता मन
फिर नचा दिया इसने

उमगती छलकती आँखों से
देखा मैंने
काँपती उँगली से दिखाया
उसको भी

प्यार से छू लिया
कैसे भीगे थे हाथ!

यहीं
इसी के नीचे
तो मिलते थे हम

दावालीढकलेवरे विटपिनि प्राप्तोद्‌गमानङ्‌कुरा-
नग्रे पल्लवितैर्मनोभिरचिराच्चेतोभुवा नर्तिताः।
सानन्दाश्रु विलोकयन्ति कलितस्वेदं स्पृशन्त्यादरा-
दुत्कम्पाङ्‌गुलि दर्शयन्ति मदनक्रीडामहस्मारिणः॥

जलचन्द्र

श्रेयस्

धधकती रेत में
झुलसती जड़ें।

जिस देश में, दशा में
खड़ा है
जीते रहना ही श्रेयस् है

विकास की क्या सोचे अभी
चम्पा का पेड़

अन्तः प्रतप्तमरुसैकतदह्यमानमूलस्य
चम्पकतरोः क्व विकासचिन्ता।
प्रायो भवत्यनुचितस्थितिदेशभाजां श्रेयः
स्वजीवपरिपालनमात्रमेव॥

अछूत

सुन रे चम्पा के बूटे,
बच्चा है तू
तेरे फूल
किसी कामिनी के
कोमल कपोल
चूमने के लिए बने हैं

यहाँ मरुथल में
इन ठूँठ-से लोगों के बीच
मत फूलों की हँसी बिखेर!

हे बालचम्पकतरो तरुणीकपोल-
लावण्यचुम्बनसुखोचितचारुपुष्प।
किं पुष्पितेन विजहीहि विकासहास-
मुद्दामपामरगणा मरुभूमिरेषा॥

नरेन्द्र

बड़प्पन

फल तो आते हैं,
पर रस एक ही दो में होता है।
बीज भी ऐसे हैं
कि बिरला ही अँकुराता है।

पर जड़ पकड़ ले
तो बड़ का एक ही अंकुर
कैसा बढ़ जाता है!

कितने मारे-मारे बेचारे
इसकी छाँह ढूँढ़ते फिरते हैं
जैसे माँ की गोद।

न्यग्रोधे फलशालिनि स्फुटरसं किंचित्फलं पच्यते
बीजान्यंकुरगोचराणि कीतिचित्सिद्ध्यन्ति तत्रापि च।
एकस्तत्र स कश्चिदंकुरवरो बध्नाति तामुन्नतिं
यामध्वन्यजन: स्वमातरमिव क्लान्तिच्छिदे धावति॥

शालिकनाथ

बरगद

तुम्हारे पत्ते ऐसे नहीं
जैसे किसी लड़की की
नरम हथेली।
न तुम में फूलों की बहार है
न कस्तूरी-सी गन्ध,
न रसभरे फलों का
भण्डार।

न सही, बड़, न सही!

यहाँ लोगों को चैन
कौन देता है?
किसको पूजते हैं लोग?

नोन्मीलन्तु नितम्बिनीकरतलस्पर्धाभृतः पल्लवाः
प्रत्युद्यान्तु न वैणनाभिमधुरामोदाः प्रसूनश्रियः।
नाभूवन्फलसम्पदो मधुरसप्रस्यन्दभाजस्तथा
अश्वत्थस्य गतः सुखेन जगतां वन्द्यस्य जन्मग्रहः॥

उमापतिधर

एक अकेला पेड़

संसार के सारे तत्त्व
एक-दूसरे के आतंक से जब
विलीन हो जाते हैं

तब
उस प्रलयकाल में
एक अकेला पेड़
कन्धा ताने खड़ा रहता है

सारे जगत को
अपने उदर में समेटे
भगवान
उसकी डाल पर
बच्चे की तरह खेलते हैं

अन्योन्यस्य लयं भयादिव महाभूतेषु यातेष्वलं
कल्पान्ते परमेक एव स तरुः स्कन्धोच्चयैर्जृम्भते।
विन्यस्य त्रिजगन्ति कुक्षिकुहरे देवेन यस्यास्यते
शाखाग्रे शिशुनेव सेवितजलक्रीडाविलासालसम्॥

बोधिसत्त्व

वृक्ष, तुम बोधिसत्त्व हो
किस-किस को अपना आपा नहीं लुटा देते

हवा को सुगन्ध,
पशु को पात,
मुनि को छाल,
भँवरे को फूल,
पंछी को फल,
थके को छाया,
मतवाले हाथी को कन्धे-सा तना

तुम्हारे आगे, सच, और सब छोटे हैं

आमोदैर्मरुतो मृगाः किसलयैर्लम्बैत्वचा तापसाः
पुष्पैः षट्चरणाः फलैः शकुनयो घर्मार्दिताश्छायया।
स्कन्धैर्गन्धगजाश्च विश्रमरुजाः शश्वद्विभक्तास्त्वया
प्राप्तस्त्वं द्रुम बोधिसत्त्वपदवीं सत्यं कुजाताः परे॥

पथिक जानता है

आँखें अब उसको देख नहीं पायेंगी
पथिक जानता है
छोड़ा है
कितने देश पार
कितने पहाड़, गहरी नदियाँ
कितने जंगल पड़ गये बीच

पंजों के बल पूरा उठ कर
उद्‌ग्रीव खड़ा
भीगे नयनों से देख रहा
फिर भी उस ओर
जिधर घर है।

देशैरन्तरिता स्त्रवैश्च सरितामुर्वीधरैः काननै-
र्यत्नेनापि न याति लोचनपथं कान्तेति जानन्नपि।
उद्‌ग्रीवश्चरणाग्ररुद्धवसुधः कृत्वाश्रुपूर्णां दृशं
तामाशां पथिकस्तथापि किमपि ध्यायन्मुहुर्वीक्षते॥

नरसिंह

बहती नदी का कवित्त

चट्टानें तोड़तीं,
विन्ध्य को बींधतीं,
पाताल-चूमतीं,
ये बरसात की नदियाँ
नर्मदा से मिलने को,
मन दहलातीं
आकुल बही जाती हैं।

किनारे के पेड़
खेल-खेल में उखाड़तीं
नचातीं, घुमातीं,
चलातीं, ठुकरातीं
डुबातीं, तिरातीं,
छुपातीं, दिखातीं,
हटातीं, बढ़ातीं,
बहाये लिये जाती है।

एते मेकलकन्यकाप्रणयिनः पातालमूलस्पृशः
सन्त्रासं जनयन्ति विन्ध्यभिदुरा वारां प्रवाहाः पुरः।
लीलोन्मूलितनर्तितप्रतिहतव्यावर्तितप्रेरित-
त्यक्तस्वीकृतनिह्नुतप्रचलितप्रोद्भूत तीरद्रुमाः॥

सारे बमीक

वन-शूकर के डर
धान-खेत में बँधे रखेलों के मचान
पण्डुक ने बाँधा
डाल-डाल पर नीड़
घनेरे पेड़ों की।

जाने क्या मन में ठान
सियारों ने बन के सारे बमीक
रख डाले नख से खोद-खोद

वराहानाक्षेप्तं कलमकवलप्रीत्यभिमुखा-
निदानीं सीमानं प्रति विहितमञ्चाः स्वपतिभिः।
कपोतैः पोतार्थं कृतनिबिडनीडा विटपिनः
शिवाभिर्वल्मीकाः खरनखरखातोदरमूदः॥

शतानन्द

घुग्घू

झिप चली धीरे
जगत की आँख
घिरता अँधेरा

चुप हो गयी कुछ देर
गौरैया
पुकारा नीड़ ने

घुग्घू
निडर–सा हुआ
कोटर से निकाला मुँह
झिझक कर
गला धड़ में धँसाये
डमरू बने सर को घुमा
सब ओर लेता टोह

जगन्नेत्रज्योतिः पिबति शनकैरन्धतमसं
कुलायैराकृष्टाः क्षणविरतकूजा बलिभुजः।
तथोलूकः स्तोकव्यपत्रपमयः कोटरमुखाद्
वपुर्भग्नग्रीवो डमरितशिराः पश्यति दिशः॥

विद्दूक

दोपहरी

दोपहरी
पेड़ तले छाया
बैठे हिरणों के झुण्ड-झुण्ड

सूखे पोखर के बीच
दरारों में भुनगे भी दुबक छुपे

बन्दर जंगल के नाले की
झीनी फुहार में अलसाया,
रख हाथ गोद में शिथिल-शिथिल
मुँह धरे हथेली पर सोया

मध्याह्ने परिपुञ्जितैस्तरुतलच्छाया मृगैः सेव्यते
कासारे स्फुटितोदरे सुनिर्भृतं कीटैरहर्नीयते।
उत्सङ्गश्लथमुक्तहस्तयुगलन्यस्ताननः कानने
झिल्लीतोयकणाभिषेकसुखितो निद्रायते वानरः॥

मलयराज

साही

पोखरतट के कीचड़ में सूअर
लोट-लोट
कुछ ताप बुझाता है तन की
दल से बिछुड़ा भैंसा, प्यासा
सब ताल-तलैया भटक-भटक
सेवार ढूँढ़ता फिरता है

साही
अधरवायी बूटी को
कुछ भीनी साँसों से थिरका
पर्वत के गहरे कन्दर की
ठण्डी छाँहों में गयी सिमट

प्रान्ते पङ्किनि पल्वलस्य विलुठन्पोत्री नयत्यातपां
स्तृणालुर्निभृतं ह्रदेषु महिषः शैवालमन्विष्यति।
आचीर्षौषधिमूलशीतसुरभिश्वासानिलान्दोलयन्
प्रक्षीणोष्मनि लीयते वनगिरिश्वभ्रोदरे शल्लकैः॥

योगेश्वर

मलय की महिमा

चाँदी का हो
या सोने का
ऐसे पहाड़ का क्या
जहाँ पेड़ उगे
और पेड़ ही रह जाये

सच्चा पहाड़ तो मलय है
जहाँ सिहोर, नीम, कुरैया

सभी चन्दन हो जाते हैं

किं तेन हेमगिरिणा रजताद्रिणा वा
यस्याश्रयेण तरवस्तरवस्त एव।
मन्यामहे मलयमेव यदाश्रितानि
शाहोटनिम्बकुटजान्यपि चन्दनानि॥

गागर में सागर

कहते हैं
एक मुनि था
जो एक ही चुल्लू में
सारा समुद्र पी गया

कोई मानेगा बात ?

तुम्हारी आँखें मना जाती हैं।
मेरे संयम का
अथाह सागर
एक चितवन में
रीता कर गयी।

निरवधिरकूपारः पीतः पुरा मुनिना मुहु-
र्निजकरपुटोत्सङ्गेनेदं मृषोद्यमभूदपि।
यदि न विदुषां धैर्याम्भोधिं गभीरमवज्ञया
नयननलिनीनालाकृष्टं पिबन्ति मृगीदृशः॥

धर्मयोगेश्वर

फँस गयी फन्द

मीठी कहता है बात
कलेजे पर है सीधी घात
आँख को किसी खुचर की ताक
अटल कहता है अपना साथ

पेच हर चाल कपट छलछन्द
विकल मैं बेबस उसके हाथ
फँस गयी फन्द

मर्मणि स्पृशति भाषते प्रियं
प्रेम संस्मरति रन्ध्रमीक्षते।
ईदृशस्य बहुचित्रकारिणो
विक्रियापि न शठस्य लक्ष्यते॥

वासुदेव

खुल गले मिले

पल–पल मिलने की हूक बढ़ी
मिलने की मिलती कहाँ घड़ी
बस आँख मिली हम कहाँ मिले

जब मिले अचानक, भाग जगे
दोनों के उजले पुण्य फले

खुल गले मिले
मिल गले
खुले

अश्रान्तवर्धितमनोरथयोरलब्धसङ्केतयोर्नयनसङ्गतमात्रवृत्त्योः।
दैवात्समागतवतोः सुकृतेन लभ्या स्त्रीपुंसयोर्विजयते प्रथमाङ्कपाली॥

अनंग का अन्तरंग

किसको विधि ने मन से गढ़ा
री कौन धन्य
ऐसा अनंग का अन्तरंग
जिसकी पुरानी बेल पुण्यों की
फली ?

दिन–रात जिसके लिए यों
गागर नयन की ढुली
बाँधे आँसुओं का तार तू
चुपके भिगोती पयोधर

को धन्यस्सखि सुस्थितेन मनसा को वेधसानिर्मितः
कः प्रयान्मदनस्य कस्य फलितः प्राचीनपुरण्यद्रुमः।
एतद्यस्य कृते दिवानिशमविश्रान्तस्खलद्वारिभि–
मौंनाल्लोचनगड्डुगैः स्नपयसे वक्षोजलिङ्गद्वयम्॥

उनके प्रेम को

सजनी उनके प्रेम को
झुक-झुक लागूँ पाय
घण्टा नाद समान जो
पहले घटा बढ़ाय
पीछ-पीछे घट चले
छूछा ही रह जाय

नमस्य: तत्सखि प्रेम घण्टारणितसोदरम्।
क्रमक्रशिमनि:सारमारम्भगुरुडम्बरम्॥

मन दौड़ गया

अंक भरा ब्याहते ने
पसली में लगा डंक

आज ये सुहाग
फिर सताता है

घाव हरे करती है
उनकी अठखेल, छेड़
प्यार की ठिठोली

फिर

मुरला किनारे
मन दौड़ गया
जहाँ घने झुरमुट में
तुम थे मनभावते
और मैं थी
अनब्याहती

पत्युः केलिभिरस्थिषुच्छिदुरता मर्मक्षतिर्नर्मणा
शृंगारेण गुरुव्यथा समुदयत्युच्चाटनं चाटुभिः।
ध्यायन्त्याः सततोत्सुकेन मनसा नीरन्ध्रवानीरिणी-
राकौमारमुपास्यमानमुरलासीमाभुवः सुभ्रुवः॥

उमापतिधर

जब तक चाँद सूरज हैं

सुनो सखी, अचानक
किसी की आँख में
आँख डालकर कभी न देखना
बड़े अटपटे हैं
इस नगरी के लड़के
और तुम्हारे अंग
अब निखरने लगे हैं।

जब तक चाँद सूरज हैं
तुम्हें एक ही पति की
सेवा करनी है।

अपने रूप की रक्षा करो
और सुनो
हम जैसों की बात पर
कभी कान न देना।

उन्मीलद्यौवनासि प्रियसखि विषमाः श्रेणयो नागराणां
तस्मात्कोपि त्वयाद्य प्रभृति न सहसा सम्मुखं वीक्षणीयः।
यावच्चन्द्रार्कमेकः पतिरतिशायितश्रद्धया सेवितव्यः
कर्तव्या रूपरक्षा वचसि न हृदयं देयमस्मिद्विधानाम्॥

शरण

प्रेम का पाठ

"अपने पति की पूजा करो
उनके जहाँ चरण पड़ें
वहीं धीरे पाँव धरो"

ये उलटा पाठ
कहाँ पढ़ आयी है तू?
किस बीहड़ में पाँव बढ़ाती है?

ऐसे रूप का क्या
बता
जिस पर नित कोई
नया
निछावर न हो।
ऐसा पाठ
किस काम का पाठ है
भला,
जो प्रेम की धार को
नया रंग
नया बाँक
न देता रहे

आराध्यः पतिरेव तस्य च पदद्वन्द्वानुवृत्तिर्व्रतं
कैनैताः सखि शिक्षितासि विपथप्रस्थानदुर्वासनाः।
किं रूपेण न यत्र मज्जति मनो यूनां किमाचार्यकै-
र्गूढानङ्गरहस्ययुक्तिषु फलं येषां न दीर्घं यशः॥

शरण

पापशमन

छाती के उभार पर
और कस लो
नयी अँगिया के बन्ध

खुले पाँव चलो
आ गया कुंज

पतिसंग के सब पाप
यहीं
धुल जायेंगे

निविडय कुचयोर्निचोलबन्धं
रचय लघूनि कियन्तिचित्पदानि।
निजपतिचिरभोगपातकाना-
मुपशमतीर्थमयं स ते निकुञ्ज: ॥

चूडामणि

सन्देसा

देखो, मैं तुम्हारे पास
कोई सन्देसा वन्देसा
नहीं ले कर आयी

वो तुम्हें चाहती है
चाहे
उसका काम, वो जाने

मैं तो एक छोटी सी बात
कहने आयी हूँ
तुम्हारे ही भले की

वो अगर जान दे देगी
नाम तुम्हारा ही होगा
समझ लेना

बालअ णाहं दूई तीये पियोसित्ति णाम्हवावारो।
सा मरइ तुज्झ अयसो एअं धम्मक्खरं भणिमो॥

दरिद्र गृहिणी

आज बच्चों के लिए
जुट गये टुकड़े कहीं से
पर कल करूँगी हाय क्या?
यों सोचती आँसू बहाती
मलिन करती कपोलों को
मनाती दुखिया "न यह रजनी
कभी भी भोर हो।"

अद्याशनं शिशुजनस्य बलेन जातं
श्वो वा कथं नु भवितेति विचिन्तयन्ती।
अत्यश्रुपातमलिनीकृत गण्डदेशा
नेच्छेद्दरिद्रगृहिणी रजनी विरामम्॥

ओझल कोई

आँखों के आगे बैठा भी
ओझल कोई

कोई इतना ले बैठा है
सारी दुनिया पर
हावी है

एते कुटीरकोणेपि न लक्ष्यन्ते स्थिताः क्वचित्।
अन्येषां विभवस्यैतद्ब्रह्माण्डमपि सङ्कटम्॥

काव्यतस्कर

ये ढीठ बड़े
औरों के छन्दों से कतरे
चिकने-चिकने कितने टुकड़े
बुन डाला कन्था कविता का।

अब उसे ठाठ से डाल गले
क्या छटा बाँधते फिरते हैं।
इनकी हो जय

द्राघीयसा धार्ष्ट्यगुणेन युक्ताः
कैकैरपूर्वैः परकाव्यखण्डैः।
आडम्बरं ये वचसां वहन्ति
ले केपि कन्थाकवयो जयन्ति॥

बिल्हण

अर्थ

सहम-गये-से चोर
बोल ये अच्छे कवि के

बाँधा जिसके कारण
उतना तभी सौंप देते तत्काल
छुपाछुपाया और बहुत-सा
आगे ला धरते हैं
अर्थ

बद्धा यदर्पणरसेन विमर्दपूर्व-
मर्थान्कथं झटिति तान्प्रकृतान्न दद्युः।
चौरा इवातिमृदवो महतां कवीना-
मर्थान्तराण्यपि हठाद्वितरन्ति शब्दाः॥

भट्टभल्लट

नाम का करतब

नाम का करतब दिखाऊँ?

आदिकवि को मिले बन्दर
उठे पत्थर, रुँधा सागर।
व्यासजी ने तीर अर्जुन के चलाये
बँधा सागर।

निकाला कोई खुचर क्या किसी ने?

जितना लिखा
सब तोल कर मैंने लिखा
पर खोट मुझमें ही दिखा, सबको
"कहाँ की हाँकता है।"

शैलेर्बन्धयति स्म वानरहृतैर्वाल्मीकिरम्भोनिधिं
व्यासः पार्थशरैस्तथापि न तयोरत्युक्तिरुद्भाव्यते।
वागर्थौ च तुलाधृताविव तथाप्यस्मत्प्रबन्धानयं
लोको दूषयितुं प्रसारितमुखस्तुभ्यं प्रतिष्ठे नमः॥

धर्मकीर्ति

छन्द भी हवा

हवा के हाथ चले
फिर फले
अनूठा खेल सृष्टि का

हवा, छन्द भी हवा
हवा में कविता के गुण पले

"कहा किसने है यह?"
"मेरा ही है यह छन्द"
"अरे, फिर पढ़ो दुबारा सुनें"

"उहुँ, ना, बात नहीं कुछ बनी
पुराना जाना-माना
और किसी का पढ़ो"

वायूद्गारगतिस्ततः परिणतिः सृष्टेरहो कौशलं
वायुः श्लोक इहैव सन्ति सकलाः काव्यस्य ते ते गुणाः।
कस्यायं मम हुं तवैव शृणुमः सम्यक् पुनः पठ्यतां
जानामि स्फुटतात्र नास्ति भणितं चान्यैः पुराणं पठ॥

कविता हुई

कुछ देखा
अनदेखा भी कुछ
कुछ यों ही बातों की बात
कानों सुना पुराना-सा कुछ
पढ़ने में कुछ आया हाथ

कुछ भी लो
जो रस में तोलो
कहो चुटीले मीठे बोल
कविता हुई: नहीं कविता
पर्वत पर सीधे जा चढ़ना
या मूँगा सागर तले कहीं

दृष्टं किञ्चिदद्दृष्टमन्यदपरं वाचालवार्तार्पितं
भूयस्तुण्डा(ङ्ग)पुराणतः परिणतं किञ्चिच्च शास्त्रश्रुतम्।
सूक्त्या वस्तु यदत्र चित्ररचनं तत्काव्यमव्याहतं
रत्नस्येव न तस्य जन्म जलधेर्नो रोहणाद्वा गिरेः॥

कवि की सूझ-बूझ

जल तक बस थल की सीमा है
सागर, हाँ सौ योजन होगा
सूरज? सूरज आकाश घिरा

है कोई फिर जो बँधा नहीं?

कविता में कवि की सूझ-बूझ

उदन्वच्छन्ना भूः स च निधिरपां योजनशतं
सदा पान्थः पूषा गगनपरिमाणं वलयति।
इति प्रायो भावाः स्फुरदवधि मुदा मुकुलिताः
सतां प्रज्ञोन्मेषः पुनरयमसीमा विजयते॥

राजशेखर

कविता

बोल नहीं वाचाल
नहीं सब-कुछ-कह-देता-सा गुँथाव

पर सहज मुखर रसभाव
अर्थ
मन में आ उतरे अनायास

कब सरस छन्द उल्लंग बन्ध?

नीला आँचल कुछ ढुला
हवा में खुला
तभी अनखुला
प्राण में पला
कामिनी का उरोज

कब निर्वसना में यही मोह?

अनुद्धुष्टः शब्दैरथ च घटनात्प्रस्फुटरसः
पदानामर्थात्मा रमयति नतूत्तानितरसः।
यथा किञ्चिद्दृश्यः पवनचलचीनांशुकतया
स्तनाभोगः स्त्रीणां हरिति न तथोन्मुद्रितवपुः॥

धर्माशोक

स्वर का जाल

अभी ललित गम्भीर
उठी अब तान तार को चीर
अभी थी सहज धीर सुकुमार
अभी लहरों की चंचल धार

बिछाया स्वर का ऐसा जाल
कहाँ से मन को रहूँ निकाल

क्वचिन्मसृणमांसलं क्वचिदतीव तारं पदे
प्रसन्नसुभगं मुहुः सुरतरङ्गलीलाङ्कितम्।
इदं हि तव वल्लवीरणितनिर्गतेर्जल्पितं
मनो मदयतीव में किमपि साधु संगीतकम्॥

वामन

बात रस की

बात रस की
कह रहा हूँ।

घड़ी भर
मन में उतरने दो, जगेगा
भाव गहरे

दूर अन्तर में कहीं
चुप हो रहोगे

अवधेहि क्षणमेहि भ्रातर्भावज्ञ भावय गिरं नः।
चरमे चकास्ति चेतसि मूकस्वप्नोपमो भावः॥

गोसोक

अभिसार

चुप!
कोई चिड़िया भी
बोलती नहीं है।

भीनी मौलसिरी ने
लहकते कदम्ब ने
पुलक जगा दी है
चुपचाप।

घनी काली घटा की
घनी काली चादर
लपेटे
चारों दिशायें
अभिसार को चली हैं
कहीं, उत्सुक-सी आज

सामोदा वकुलैः कदम्बमुकुलैः प्रीत्येव रोमांचिता।
नीरन्ध्रपिहिताः पयोदपटलैः श्यामोत्तरीय इव।
दूरीकृत्य च नूपुराविव रिपून्हंसान्समुत्कूजतो
याताः काप्यभिसारिका इव दिशो मेघागमे सोत्सुकाः॥

स्कूटर पर

आगे था मियाँ
बड़ा दुबला-सा
नीली-बुझी हेलमेट के तले
शर्ट-पैण्ट बड़ी बेरंग-सी
बोल बोल बोल रहा
गरदन को दे दे बल

पीछे थी बीवी
चुपचाप
सुन रही थी क्या?
लाल हरी साड़ी में चटख-चटख
गोल-गोल

बीच में दो पाँव
सजे
चाँदी के नूपुर में
नन्हें से

बबूल

सबेरे-सबेरे लगता है
रात की चाँदनी में
छिटक आयी है धूप

शरद आ गयी है

और उधर
सूने-से खेत में
बसन्त भी
अनहोना

बड़े-बड़े काँटों में
नरम-नरम केसर के
फूल लिये
औघड़ बबूल

उड़चिड़ी

उड़ी
मुड़ कर भी
नहीं देखा
इधर

क्यों दिये मैंने
पंख

आप अपनी बात

सोचता ही रहा
अपनी ही कहूँगा
आप

घट–भीतर डुबाया
आपको
पर आपको पाया

कहेंगे आप
कुछ अपनी ?

धीरे से

हलकी सी
थपकी दी
नाव गयी
बीच भँवर

बूँद टपकी

नीम की डाली जहाँ
शहतूत की उस डाल को
हलकी हवा में
बहुत हलके छेड़ जाती है
वहीं पर बूँद टपकी
इस बरस बरसात की
पहली
थिरक कर नरम सा
शहतूत का पत्ता
हवा को थपकियाँ देने लगा

बुलबुल कभी आ बैठ जाती है वहाँ
मैं आज बैठा हूँ जहाँ

अंगुष्ठमात्रं पुरुषं नराणां हृद्देशेर्जुनं तिष्ठति

क्या अचम्भा
जो अँगूठे भर पुरुष मेरा
लहर में बह गया

कहाँ ये नन्हा बिचारा
कहाँ उसकी बड़ी आँखें
चुटकियों में ढह गया

क्या करोगे नाग?

तमस का तीख़ा वलय
फिर मोह

किरणों का अचानक
अंगहार

नाग के फन पर
थिरकती मणि।

क्यों इन सीढ़ियों से
उतर आये हम!

कभी ऊपर
खुलेगी आँख?

पुतली में बसा लो

क्या करोगे नाग?

करवट से करवट तक

एक करवट से
दूसरी करवट तक
नींद

किन दूरियों को
पार कर लेती है

सोनेवाला क्या जाने?

जागते की आँखों से
ओझल है बात

मगर

निद्रा में आज
बहुत घूम-घूम आये
हम

गहरी सी घाटी में
पानी था गहर
गहर

काला था पानी
अमावस की अटल रात

घूम घूम घूम रही
भँवर में एक नाव

हम भी पतवार लिये
वहीं खड़े
एक पाँव
उसी नाव

दूसरा अँधेरे में
सीढ़ियाँ टटोल रहा

मरघट की

करवट से करवट तक
बहुत घूम आये हम

एक सीधी गली

एक सीधी गली
भी उस ओर
जाती थी

वहीं सो गये
मन के पाँव

डैने सँभालो

कहने की हर बात
कह दी जायेगी
आज नहीं कल, परसों

कहने में आ न सके
ऐसी बात
कौन ढूँढ़ता है यहाँ?

उससे कहो
डैने सँभाले, उड़ता बने

नटराज

धा तिरकिट धा सत्ताईस
धा की परन
नाचते थे
शंकर महाराज।

पागल अँगरखा जब
उड़ता बगूले में
भँवर में डूबती थी
देह

आप की अपनी हमारी
सभी की

आ/धुनिक धुन–
सात के छन्द में, एक वि/चित्र काव्य

आ
धुनिक
धुन दे।
जगा दे टं
कार का
जादू।

उड़े फा
हा! खुले पत्थर
बनी
उलझी गुझी
हर गाँठ का
जड़
छन्द

पछवाँ सन
सनाती चली।
बनिया कँप
कँपाया। होम
बाम्हन ओम

स्वा
हा।

फटी छत
सी उड़े छतरी
बवण्डर
आ
काश।
बिखरे
गा; वही तो
बने
गा।
धुनिया! धुने
रग रग; ज
गा
दे जग।

मगर कुछ
देख
सुन।
आधुनिक
धुन
धर कमण्डल
भर
समन्दर सातों
जगत भू
गोल काँखों में
दबाये।
फिरंगी फिर
रहा घर घर।

अलख गाये।

तू धुनिक
सुर
धुन मिला ले।
ओ धुनी
धुनिये
पुराना छोड़
गा
ना।

नवो निधि, सौ खे
चरी का
धनी रंगी फिरंगी
जो धुन बजाये

आ
धुनिक
तू भी
बजा ले
अरे
गो
रख! नहीं करना
तुझे धन्धा?

अनुवचन

यहाँ संस्कृत की जिन कविताओं का अनुवाद है, उन्हें संस्कृत में सूक्ति या सुभाषित कहा जाता है। दोनों शब्द पर्याय हैं। अर्थ है, 'भली बात', 'अच्छे कहे गये बोल'। इस अर्थ में सूक्ति के विषय की ओर कोई इंगित नहीं है। सूक्ति का क्षेत्र व्यापक हो सकता है—और है भी। केवल भाव-निष्पत्ति के लिए, कविता करने के लिए, सूक्ति नहीं लिखी-कही जाती थी। नीति, राजनीति, कृषि, वाणिज्य, व्यापार, चिकित्सा, ऋतु-विज्ञान-व्यवहार के किसी भी क्षेत्र की उपयोगी बात को लेकर सूक्ति कही जा सकती है, कही जाती भी थी। धर्म, अर्थ, काम, मोक्ष—सूक्ति का कुछ भी विषय हो सकता था। कई पुराने संग्रहों में सूक्तियों को इन्हीं चार वर्गों में बाँटा भी गया है।

पर एक अर्थ में सूक्ति मात्र से कविता जैसा गुण अपेक्षित था। व्युत्पत्ति के आधार पर सूक्ति का अर्थ है—सुष्ठु उक्ति। सौष्ठव के लिए शिल्प की अपेक्षा होती है। सूक्ति से यह अपेक्षा थी। सही अर्थ में सूक्ति तभी सूक्ति कहला सकती थी जब उसके कहने में एक ऐसी भंगिमा हो जो चमत्कार जगाये, ऐसा अन्दाज़ जो भा जाये। इस काव्य-सुलभ, 'मोहक' गुण के कारण सूक्तियों का बहुत चलन था। ये लोगों की जिह्वा पर बसती थीं और विभिन्न विषयों पर सूक्तियों का एक लगभग अक्षय भण्डार प्रचार में था—संस्कृत में ही नहीं, सभी प्राचीन और अर्वाचीन भाषाओं में।

जहाँ इतने बड़े भण्डार की बात हो वहाँ यह दावा करना ठीक नहीं होगा कि प्रत्येक सूक्ति में कोई-न-कोई बाँकपन है, उक्ति की मोहक

भंगिमा है। नीरस, सपाट सूक्तियों की कोई कमी नहीं। फिर भी बाँकपन लाने की प्रवृत्ति तो थी ही—और किसी बात में न भी हो तो इस बात में कि सूक्ति पद्य में होती है, छन्द और लय से मण्डित। फिर उसमें यह शिल्पोचित प्रयास भी होता है कि बड़ी-से-बड़ी बात को कम-से-कम शब्दों में कह दिया जाये। अधिकतर सूक्तियाँ एक ही छन्द में पूरी हो जाती हैं। गागर में सागर भर देना सूक्ति का एक आदर्श है, यह बात और है कि आदर्श अक्सर आदर्श ही रह जाता है।

मेरे अनुवाद जिन सूक्तियों के हैं उनमें शिल्प के गुण स्पष्ट ही नहीं, प्रखर हैं; इनमें चमत्कार जगाने की बड़ी सजग, प्रगल्भ चेष्टा है। ये सूक्तियाँ कलाकृतियाँ हैं, काव्य की सूक्तियाँ हैं, भाव-निष्पत्ति के ध्येय से रची गयी हैं।

कुछेक को छोड़कर सारी की सारी सूक्तियाँ मैंने संस्कृत के ऐसे पुराने सूक्तिसंग्रहों से ली हैं जहाँ संग्रहकार का ध्यान प्रधानतः काव्य-संग्रह ही था। ये संग्रह हैं : विद्याकर का *सुभाषितरत्नकोष,* श्रीधरदास का *सदुक्तिकर्णामृत,* वल्लभदेव की *सुभाषितावलि* और जल्हण की *सूक्तिमुक्तावलि*।

विद्याकर बंगाल के रहने वाले थे। बौद्ध थे। अपने *सुभाषितरत्नकोष* का संग्रह इन्होंने ११३० ईस्वी में पूरा किया। संग्रह में १७०० से ऊपर छन्द हैं, अधिकतर ऐसे जिन्हें कविता, अच्छी कविता कहा जायेगा। यों कुछ छन्द केवल नीतिज्ञान देने के लिए भी हैं।

विद्याकर अच्छे सहृदय थे। आधुनिक मर्मज्ञों ने भी उनकी रुचि को सराहा है। प्रख्यात भारतविद् इंगॉल्स का किया हुआ उनके पूरे संग्रह का एक अँग्रेज़ी काव्यानुवाद निकल चुका है, जिसकी विद्वानों में चर्चा हो रही है।

स्वयं विद्याकर ने अपने संग्रह का—ग्रन्थ के पहले ही श्लोक में—यों गुण गाया है :

> सच्चे समझदारों के
> कण्ठहार हैं

अच्छे कवियों के
ये मीठे बोल।
बड़े-बड़े कवि
इनको सुनकर
सिर धुनते हैं।
ऐसे बोलों का मैं
अनमोल संग्रह कर रहा हूँ।

यह उक्ति हमें उस रसिक समाज का भी संकेत देती है, जिसमें रहते हुए, जिसके लिए विद्याकर ने अपना संग्रह तैयार किया था। ऐसे समाज से आज भी हमारा परिचय है। शे'र-शायरी के शौक़ीन जिस तरह अच्छे शे'र याद कर लेते हैं, उसी तरह ये सूक्तियाँ रसिकों के कण्ठ का हार होती थीं। तेरहवीं सदी के भगदत्त जल्हण ने अपनी *सूक्तिमुक्तावलि* में इसी बात को तीन-चार श्लोकों में उतारा है। उन्होंने अपनी काव्य-रुचि की प्रशंसा स्वयं नहीं की है, अपने मित्र या आश्रित-कवि वैद्यभानु से करवायी है। कुछ इंगितों से लगता है कि संग्रह के कर्ता भी वैद्यभानु ही थे। एक श्लोक में वे कहते हैं :

न अँगूठी न कड़ा
न बाजूबन्द न हार,
रसिक की शोभा इनसे नहीं है
शोभा तो तब हो
जब यह सूक्तियों की लड़ी
उसके कण्ठ में लहराये।

(*सूक्तिमुक्तावलि,* अनुक्रमणिका, ४१)

जिस रसिक समाज की ओर यहाँ इशारा है, श्रीधरदास भी ऐसे ही रसिक समाज में से थे। उनकी परिस्थितियों के बारे में विद्याकर की अपेक्षा हमें अधिक ज्ञान है। विद्याकर की तरह ये भी बंगाल के थे। बंगाल के अन्तिम सेनवंशी राजा लक्ष्मण सेन के दरबार में रहते हुए इन्होंने १२०५ ईस्वी में अपना संग्रह पूरा किया था। श्रीधरदास को अच्छे कवियों का संग मिला था। *गीतगोविन्द*-कार जयदेव भी लक्ष्मण

सेन के सभाकवि थे। दूसरे कवियों में उमापतिधर और गोवर्धन प्रसिद्ध हैं। गोवर्धन ने *गाथासप्तशती* की प्रेरणा से संस्कृत में *आर्यासप्तशती* की रचना की थी। उमापतिधर की कुछ सूक्तियाँ आपने प्रस्तुत संग्रह में भी देखी होंगी।

श्रीधरदास के संग्रह में २३०० से ऊपर छन्द हैं, जिनको उन्होंने विषय के अनुसार पाँच 'प्रवाहों' में बाँटा है। ग्रन्थ के आरम्भ में इन पाँच प्रवाहों की वे रस की पाँच नदियों से तुलना करते हैं और अपने रसिक पाठकों से कहते हैं कि वे इन प्रवाहों को :

कान की कलसियों में
भर लें
और देर तक इनका रस लें
इनमें डूब जायें
और मन में इनको तैरने दें।

वल्लभदेव ने ३५०० छन्दों की अपनी विशालकाय *सुभाषितावलि* का संग्रह पन्द्रहवीं सदी में किया था। उनमें रुचि का निखार तो अच्छा है पर उनके संग्रह में उनकी उपदेश-प्रवण मनोवृत्ति का उतना ही परिचय मिलता है जितना कविता की परख का। उन्होंने नीतिवाक्य, शीलवाक्य, धर्मवाक्य भी अच्छी मात्रा में सजाये हैं। और यह तब जबकि संग्रह के आरम्भ में ही, 'कविकाव्य-प्रशंसा' नाम के खण्ड में उन्होंने एक ऐसा श्लोक सजाया है, जिसमें कविता के नाम पर उपदेश और युक्तितर्क का बीड़ा उठाने वालों पर करारी चोट है। श्लोक अर्चितदेव नाम के किन्हीं काव्यमीमांसक का है, जिनके चिन्तन और शब्दचयन पर कश्मीर की रसचर्चा का प्रभाव स्पष्ट है, हालाँकि इनका नाम अन्यत्र अनजाना ही है। अर्चितदेव कहते हैं : "सहृदयों के उक्ति-काव्य का मर्म हम अपनी संवेदना द्वारा अनुभूत करते हुए ही जान सकते हैं—उनमें न तर्क की कुम्हलाहट होती है, न उपदेश का रोग।"

वल्लभदेव को अपने कविता की परख पर भरोसा था। वे दावा करते हैं कि उन्होंने अपने विमर्श, अपनी ही समझ को चयन का आधार बनाया है। अपने संग्रह के आरम्भ में, दूसरे ही श्लोक में, दृढ़ता के

साथ कहते हैं :

मेरी अपनी विमर्श–
शक्ति की जय हो
जो दूसरों के
रहस्य की गाँठ
आप खोल देती है
किसी गुरु की बात का
मुँह नहीं तकती।

यहाँ एक बात उठाना चाहता हूँ जो विमर्श का ऐसा दावा करने वाले वल्लभदेव को उठानी चाहिए थी, पर उन्होंने उठायी नहीं। उन्होंने विमर्श की बात तो की है; अपने विमर्श पर भरोसा जताया है, पर विमर्श की व्याख्या करने में कोताही की है। उनके विमर्श की कसौटी क्या थी ? अर्चितदेव का जो श्लोक उन्होंने अपने संग्रह में रखा है उसमें कविता की जो परिभाषा निहित है, उससे क्या वल्लभदेव सहमत थे ? नहीं ही रहे होंगे, क्योंकि अगर सहमत होते तो उन्हें अपने संग्रह की बहुत सारी सूक्तियाँ निकाल बाहर करनी पड़तीं। फिर इन सूक्तियों को क्यों रखा गया है ? काव्य की किस दृष्टि के तहत ? विमर्श करने वाले का यह भी धर्म बनता है कि अपने विमर्श का कुछ तो खुलासा दे। विमर्शशील व्यक्ति किसी विमत विमर्श को अपने ग्रन्थ में स्थान दे, यह सराहने की बात है। पर साथ ही अगर अपनी भिन्न दृष्टि का उद्‍घाटन न करे तो कहना पड़ता है कि विमत की ओर ध्यान नहीं दिया, उसका उपेक्षा भरा निरादर किया। विमर्श के जगत में विमत का यही समादर है कि अपना भिन्न मत उसके सामने रखा जाये। जो ऐसा न करे उसके विमर्शशील होने पर सन्देह हो सकता है।

वल्लभदेव ने जो काम नहीं किया उसे मैं यहाँ करना चाहता हूँ, क्योंकि अर्चितदेव की कसौटी पर वल्लभदेव की ही नहीं, मेरे भी संग्रह की सूक्तियाँ कविता की कोटि से बाहर पड़ेंगी। अपनी ही रक्षा के लिए एक ऐसी दृष्टि को सामने रखना चाहूँगा, जिससे वल्लभदेव और दूसरे सूक्ति संग्रहकार अनुप्राणित थे।

अर्चितदेव जो कहते हैं, उसमें दो बातें हैं। उनका पहला और प्रधान आशय यह है कि कविता ऐसी बात होती है जो केवल संवेदना का विषय हो सकती है। दूसरी बात वे कहते हैं कि उपदेश कविता नहीं होता, न युक्तितर्क की चेष्टा कविता होती है। सुनने में बात बड़ी खरी लगती है। पर इसके तात्पर्य की थोड़ी थाह लें। उपदेश हमारे संकल्प से उन्मुख होता है और युक्तितर्क बुद्धि से। कविता अगर न उपदेश है और न युक्तितर्क तो अर्थ यही हुआ कि उसका सम्बन्ध केवल भावना से ही है। अर्चितदेव कहते हैं कि जो बात हमें संवेदना द्वारा संविदित होती है, वही कविता है—जिसे हम भावना द्वारा ही समझ सकते हैं, बल्कि कहना चाहिए कि भावना द्वारा ही पा सकते हैं, अनुभूत कर सकते हैं, छू सकते हैं, वही कविता है—क्योंकि समझना तो बुद्धि का काम है। प्रश्न उठता है कि क्या कविता का विषय भी भावना ही होती है या किसी भी बात की ऐसी अभिव्यक्ति कविता होती है जो हमारी भावना को छू जाये ? अर्चितदेव को पहला ही पक्ष अभिप्रेत जान पड़ता है, नहीं तो उपदेश और तर्क—उनके शब्दों में 'उपपत्ति'—को वे कविता के दायरे से बिलकुल बाहर नहीं रखते। उनकी कसौटी कविता के क्षेत्र को बहुत संकुचित कर देती है, एक छोटे-से वलय में बाँध देती है। बहुत-सी ऐसी सूक्तियाँ हैं जो अपनी भंगिमा से हमें भा जाती हैं, उनकी कसौटी पर खरी नहीं उतरेंगी, क्योंकि उनका विषय भावना नहीं होता, उनमें तर्क की भी प्रवृत्ति होती है, उपदेश की भी।

यहाँ कुछ उदारभाव दिखाते हुए अगर हम अर्चितदेव का तात्पर्य यह लें कि किसी भी बात की—चाहे उपदेश और तर्क ही क्यों न हो—ऐसी अभिव्यक्ति कविता है, जो भावना को छू ले, तो फिर कविता का दायरा बढ़ जाता है। सूक्तिकार सूक्तियों को इस दूसरे उदार अर्थ में ही कविता समझते थे। उन्होंने भावना को ही अपनी उक्तियों का विषय नहीं बनाया; वे हमारे संकल्प से भी उन्मुख होती हैं, बुद्धि से भी। और सूक्तिकारों में बड़े-बड़े महाकवियों की भी गिनती है। पर जो उक्ति हमारी भावना को छू ही नहीं सके, उसे कविता कहना कविकर्म का निरादर होगा। अभी ऊपर वल्लभदेव को उपदेश प्रवण कहकर जो मैंने

उनकी आलोचना की थी, वह इसलिए कि इनकी कई सूक्तियाँ कोरा उपदेश या कोरी युक्ति की बातें हैं, हमारी भावना की ओर उन्मुख ही नहीं होतीं।[१]

राजशेखर ने अपनी *काव्यमीमांसा* में कविकर्म के ध्येय और विषय पर किसी अज्ञात कवि-आलोचक का एक छन्द दिया है जो मेरे संग्रह में

---

१. प्रसंगवश एक ऐसे नये सूक्तिसंग्रह की चर्चा करना चाहता हूँ जो महा-सूक्ति-संग्रह के नाम से बड़े आडम्बर के साथ इन दिनों प्रकाश में आ रहा है। संग्रहकार पश्चिम के एक बड़े 'भारतविद्' लुडविग स्टर्नबाख हैं, जिनका अभी पिछले ही दिनों निधन हुआ। संग्रह शायद अभी आधा भी नहीं छपा है पर सात-आठ बड़े-बड़े खण्ड, बड़े-बड़े ग्रन्थों के रूप में निकल चुके हैं। स्पष्ट ही संग्रह के नाम में 'महा' का अर्थ 'विशाल' है। पर 'महा' का अर्थ 'महत्' भी हो सकता था, ऐसी सूक्तियों का संग्रह जो कविकर्म की दृष्टि से महत् है—यही दृष्टि पुराने संग्रहों को सचमुच सूक्तियों का संग्रह बना देती है। इसी दृष्टि से परख और विवेक का प्राचीन संग्रहकारों ने दावा किया है और गर्व भी किया है कि उनकी चुनी हुई कविताएँ रसिक को लुभा लेती हैं। पुराने संग्रह ऐसे सहृदयों के लिए होते थे जिनकी गोष्ठी में संग्रहकार भी अपना आसन चाहता था। ये जीवन्त संग्रह थे। ऐसे संग्रह आज तक भी बनते ही रहे हैं। पर जिस 'महा' संग्रह की हम बात कर रहे हैं, उसका उद्देश्य लाइब्रेरी के शेल्फ़ पर स्थान पाना है, रसिक के हृदय में नहीं। उसमें रखी उक्तियाँ ही नहीं उसका सारा कलेवर इस बात का प्रमाण है कि उसमें से विवेक से नहीं कार्ड-इण्डेक्स से काम लिया गया है। संग्रह सहृदय को ध्यान में रखकर नहीं बनाया गया है, केवल संग्रह के लिए बनाया गया ताकि विगत का संरक्षण हो सके। उद्देश्य इतिहास को लाइब्रेरी में सुरक्षित रखना है, परम्परा में प्रवाहित करना नहीं।

पुराने संग्रहों में छन्दों का विभाजन विषयों के आधार पर होना था; अलग-अलग मज़मूनों के चुने हुए छन्द रखे जाते थे। संग्रहकार का एक आधार पुराने संग्रह भी होते थे। *सूक्तिमुक्तावलि* की अनुक्रमणिका में वैद्यभानु कहते हैं : "तैनेयं क्रियते वीक्ष्य सत्सुभाषितसङ्ग्रहान/सूक्तिमुक्तावलि... उसने (जल्हण ने) पुराने अच्छे संग्रहों को देखकर यह *सूक्तिमुक्तावलि* बनायी है।" पर संग्रह का उद्देश्य स्टर्नबाख़ से बिलकुल भिन्न था। इसलिए इस श्लोक को पूरा करते हुए वैद्यभानु आगे कहते हैं : "कण्ठकदलीभूषणं सताम्" (जल्हण ने एक ऐसा नया संग्रह बनाया है) जो सज्जनों के कण्ठ का भूषण है...।" स्टर्नबाख़ का संग्रह चूँकि लाइब्रेरी के शेल्फ़ का भूषण बनने के लिए बना है इसलिए उसमें डिक्शनरी की तरह अकार क्रम से श्लोक रखे गये हैं, विषयक्रम से नहीं। विषयक्रम को पीछे अनुक्रमणिका में हटा दिया गया है। संग्रह को एक तरह से विर्विषय बना दिया गया है। विषय विभाजन सहृदय को संग्रह में इधर-उधर घूम-फिरकर देखने-सुनने का सहारा देता था। पर अब जब संग्रह सहृदय के लिए है ही नहीं तो इस सहारे की क्या ज़रूरत? ⇨

भी आ चुका है :

कुछ देखा
अनदेखा भी कुछ
कुछ यों ही बातों की बात
कानों सुना पुराना-सा कुछ
पढ़ने में कुछ आया हाथ।
कुछ भी लो जो रस में तोलो
कहो चुटीले मीठे बोल।
कविता हुई : नहीं कविता
पर्वत पर सीधे जा चढ़ना
या मूँगा सागर तले कहीं।

कविकर्म की जैसी धारणा, जो आदर्श इस सूक्ति में निहित है, उसी आदर्श से हम सूक्ति-संग्रहों को अनुप्राणित पाते हैं। इस सूक्ति को हम सूक्तिकारों का मैनिफ़ेस्टो कह सकते हैं। यहाँ अर्चितदेव की परिभाषा का संकोच नहीं है। अर्चितदेव की उदार व्याख्या करके हमने कविता के क्षेत्र में जिस विस्तार की परिकल्पना की है, वही विस्तार यहाँ है—बल्कि उससे बढ़कर ही है।

कविता का यह आदर्श किसी बहुत गहरी या बड़ी बात का—भूमा का—संकेत वहन करने का आदर्श नहीं है। बस अच्छी, सुघड़, सुथरी-सी कविता का आदर्श है। कल्पना, भावना की गगनचुम्बी उड़ान भरना या सिन्धुतलस्पर्शी गाम्भीर्य पा लेना यहाँ कवि का ध्येय नहीं है। उसे बड़ी अठपहरी-सी कविता की चाह है। कोई भी बात लो, उसे सजाकर

⇦स्टर्नबाख़ का संग्रह भी अन्य कई संग्रहों के आधार पर बना है। शायद इतने संग्रह पहले किसी संग्रहकार ने देखे भी नहीं थे जितने स्टर्नबाख़ ने काम में लिये हैं। पर स्टर्नबाख़ ने अपनी काव्यरुचि, अपनी भाविका-प्रतिभा दिखाते हुए उनमें से चुनकर नया संग्रह नहीं बनाया है। उन्होंने काव्य-अकाव्य-विवेक की कोई चेष्टा नहीं की है। उन्हें जितने मिले, सारे संग्रहों को मिलाकर वह 'महा' संग्रह तैयार कर दिया है जो कार्ड इण्डेक्सों की मदद से बना है और शायद उसका प्रयोजन भी नये कार्ड-इण्डेक्सों को जन्म देना है। स्टर्नबाख़ का प्रयत्न भारतीय सभ्यता के शोधार्थियों के लिए है, उनके ही जैसे भारतविदों के लिए है, रसिकों के लिए नहीं।

कह सको, एक चमत्कार की भंगिमा दे सको तो कविता हुई; कविता का कोई अपना दुर्गम दूर-कहीं-गोपन भावलोक नहीं है, जहाँ कविता चुपके-से किसी दुर्लभ 'रत्न की तरह पनपती' है, कविमानस की ऐसी अनबूझ गहराइयों में जिसकी थाह कोई नहीं पा सकता, स्वयं कवि भी नहीं। सूक्तिसंग्रह के कवि किसी आर्ष-प्रतिभा की अपेक्षा नहीं करते हैं; पर उनकी कविता अपनी परम्परा और अपने आसपास के जगत दोनों के प्रति सचेत है, एक अर्थ में बड़ी इहलौकिक कविता है।

सूक्तिसंग्रहों में सूक्ति के विषय की विविधता तो उलट-पुलटकर देखते ही झलक आती है। मैंने यहाँ जो थोड़ी-सी कविताएँ इकट्ठा की हैं, उनमें भी वह विविधता सामने आ ही जाती है, चाहे अपने सम्पूर्ण रूप में न सही। कुछ सूक्तियाँ मैंने महाकाव्यों से भी ली हैं। कुमारदास के *जानकीहरणम्* से, बिल्हण के *विक्रमांकचरितम्* से और मङ्खक के *श्रीकण्ठचरितम्* से। कुमारदास सिंहल के राजकुमार थे और उन्होंने अपने *जानकीहरणम्* की रचना सातवीं या आठवीं सदी में की। कहा जाता है कि वे संस्कृत के विख्यात आलंकारिक कथाकार दण्डिन् के भी शिष्य रहे थे। उनकी कविता पर रसिकों ने कालिदास की स्पष्ट छाया पायी है। शायद इसीलिए किंवदन्ती चल पड़ी कि उनके किसी अधूरे छन्द को कालिदास ने पूरा किया था। बिल्हण ग्यारहवीं सदी के कवि थे। उन्हें अपनी श्रृंगारमयी *चौरपंचाशिका* के कारण जितनी ख्याति मिली उतनी *विक्रमांकचरितम्* से नहीं मिल पायी, हालाँकि *विक्रमांकचरितम्* के शिल्प पर ही उन्होंने अधिक परिश्रम किया है। *श्रीकण्ठचरितम्* के रचयिता मङ्खक कवि १२वीं सदी में कश्मीर में हुए थे। अपने ही बड़े भाई लङ्खक की पण्डित-सभा में उन्होंने अपने काव्य का पाठ किया था। अपने काव्य के अन्त में इस सभा की मङ्खक ने बड़ी प्रशंसा की है। दो-एक सूक्तियाँ मैंने अलंकार ग्रन्थों से भी ली हैं, जहाँ उनका दृष्टान्त के रूप में उद्धरण किया जाता रहा है।

आप पूछ सकते हैं कि सूक्तिसंग्रह से कुछ ले लेना तो समझ में आता है, वहाँ तो हर सूक्ति अपने आपमें स्वतन्त्र रचना है, यही बात अलंकार ग्रन्थों के बारे में भी कही जा सकती है, वहाँ भी सूक्ति को एक स्वतः

सम्पूर्ण रचना के रूप में ही उद्धृत किया जाता है। पर किसी बड़े काव्य से एक-एक, दो-दो छन्दों को अलग निकाल लेना कहाँ तक उचित है? अवयव को अवयवी बना देना कौन-सी अच्छी बात है? किसी बड़े कलेवर का छोटा-सा टुकड़ा उस कलेवर का अंग बनकर ही सार्थक होता है, अपने आपमें उसे पूरा मानकर सम्पूर्ण कृति की तरह प्रस्तुत करना कहाँ तक संगत है?

अपने पक्ष में दो युक्तियाँ दूँगा—यों दोनों को एक ही युक्ति के दो अंग भी कहा जा सकता है। पहली युक्ति यह है कि मैंने ही नहीं, सूक्ति संग्रहकारों ने भी ऐसा किया है। उन्होंने महाकाव्यों के छन्द स्वतन्त्र सूक्तियों की तरह अपने संग्रह में रखे हैं। *जानकीहरणम्* के छह छन्द वल्लभदेव की *सुभाषितावलि* में आये हैं। बिल्हण के जिस छन्द का मैंने अनुवाद किया है, वैसे तो वह *विक्रमांकचरितम्* का ही है, पर सूक्ति-संग्रहों में भी आया है। मैंने वहीं से ले लिया है।

मेरी यह पहली युक्ति निष्प्राण-सी लग सकती है। किसी और के करने से कोई अनुचित बात उचित नहीं हो जाती, चाहे बात के पीछे एक लम्बी परम्परा क्यों न हो। इसलिए दूसरी युक्ति देता हूँ। मैंने जो किया है उसमें औचित्य से च्युति नहीं होती और यही कारण है कि ऐसा करने की परम्परा रही है। संस्कृत कविता का शिल्पविधान मुक्तक को आदर्श मानकर चलता है। लम्बे से लम्बे महाकाव्यों में भी कवि प्रयास करता चलता है कि उसका प्रत्येक छन्द पूरे काव्य का अवयव होते हुए भी अपने आपमें सम्पूर्ण हो, अवयवी हो। कवि का प्रयत्न सुघड़ मोतियों की ऐसी माला पिरोने का होता है जिसका हर मोती अपने आपमें भी एक आभूषण हो। प्रयत्न की कई बार ऐसी अति हो जाती है कि मोती-मोती अलग दिखायी देता है और माला माला ही नहीं बन पाती। यही कारण है कि किसी सुघड़ छन्द को महाकाव्य के परिवेश से निकालकर अपने पाँवों पर भी खड़ा किया जा सकता है। सूक्तिसंग्रहकारों ने यही किया है और मैंने भी।

संग्रह की कई कविताएँ अन्योक्तियाँ हैं। अन्योक्ति ऐसी उक्ति को कहते हैं जिसमें बात किसी से या किसी की कही जाती है, पर तात्पर्य

कुछ और किसी और से होता है। यों अन्योक्ति को हम एक प्रकार का रूपक भी कह सकते हैं।

संस्कृत में अन्योक्तियों की भरमार है। अन्योक्ति कहने के लिए कई उपमान, कई प्रतीक रूढ़ हो गये थे। सूक्ति संग्रहकारों को अन्योक्ति से विशेष लगाव था। जिन संग्रहों से मैंने सूक्तियाँ ली हैं उनमें सूक्तियों का एक बड़ा भाग अन्योक्तियों का ही है।

सदुक्तिकर्णामृत और *सुभाषितावलि* इन दोनों में, ख़ास कर *सदुक्तिकर्णामृत* में तो अन्योक्ति के रूढ़ प्रतीकों की एक व्यवस्थित तालिका ही मिल जाती है। लम्बी तालिका है : मछली, सरोवर, मेंढक, साँप, भ्रमर, पर्वत, सिंह, गज, हंस, चातक, मेघ और कई प्रकार के वृक्ष।

अन्योक्ति की परम्परा हिन्दी में भी चली आयी है। बिहारी का प्रसिद्ध दोहा—"नहिं पराग नहिं मधुर मधु, नहिं विकास इहिं काल/अली कली ही सौं बंध्यो, आगे कौन हवाल" यह अन्योक्ति ही है। किंवदन्ती है कि बिहारी ने यह दोहा अपने आश्रयदाता मीरज़ा राजा जयसिंह की सीख के लिए कहा था। जयसिंह किसी कमसिन लड़की के मोह में ऐसे डूबे थे कि राजकाज और अन्य ज़रूरी सारे काम एकदम भूल गये थे। किंवदन्ती केवल किंवदन्ती भी हो सकती है, दोहे का सम्बोधन जयसिंह के प्रति मानना ज़रूरी नहीं है, किसी भी व्यक्ति-विशेष को मानना ज़रूरी नहीं है। न किसी परिस्थिति विशेष पर ही बात लागू हो सकता है, बशर्ते कि उन परिस्थितियों में एक प्रकार का सादृश्य हो। दोहे में एक सामान्य भाव की अभिव्यक्ति है, एक अपनी तरह का साधारणीकरण है, जिसमें एक प्रकृति-चित्र को मानव परिस्थिति का प्रतीक बना दिया गया है। किसी भी मोह में सन्तुलन खो देने वाले किसी भी व्यक्ति पर यह दोहा कहा जा सकता है। प्रकृति के बहाने मानव को कुछ कहना, यही अन्योक्ति का विशेष गुणधर्म है और बात को सजाकर कहने में उक्ति का जो बाँकपन है, चमत्कार है—वही इसकी कविता है।

यों अन्योक्ति के दो पक्ष होते हैं। एक प्रस्तुत पक्ष जो प्रकृति के किसी

जीव—वृक्ष भी जीव ही हैं—उसे आधार बनाकर आँका गया चित्र है। दूसरा अप्रस्तुत पक्ष, वह मानव परिस्थिति होती है, जिसका यह चित्र प्रतीक होता है। इस दोहरेपन के कारण अन्योक्ति में एक सघनभाव होता है—चित्र के अन्दर चित्र की गहरायी।

पर इस दोहरेपन का बोध कराने में परम्परा भी सहायक होती है। संस्कृत, प्राकृत, अपभ्रंश में अन्योक्ति कहने की एक परम्परा थी। कहने की ही नहीं, उसे बरतने की भी एक परम्परा थी जो अन्योक्ति में जान फूँकती थी। साधारण जीवन और व्यवहार में लोग अन्योक्तियों का प्रयोग करते थे, उन्हें बरतते थे और इसीलिए अन्योक्ति का प्रतीक 'जाग्रत' प्रतीक बना रहता था।

जो दोहरा होता है, ज़रूरी नहीं कि अपना इकहरापन खो दे। अन्योक्तियों के प्रस्तुत पक्ष में भी एक भाव, एक शिल्प होता है जो हमें खींच लेता है। अप्रस्तुत की ओर न भी ध्यान दिया जाये तब भी एक चमत्कार जगाता है। अन्योक्ति का प्रकृति-चित्र अपने आपमें एक सजीव प्रकृति-चित्र बन पड़ता है। अच्छा कवि पुराने प्रतीक को रूढ़ि नहीं बनने देता, अपनी कविता से उसे जाग्रत रखता है। यही कारण है कि आज जबकि अन्योक्ति की परम्परा क्षीण हो गयी है, फिर भी हम अन्योक्तियों का आस्वाद ले सकते हैं।

पर साथ ही यह भी सच है कि कई अन्योक्तियों में अन्योक्ति का भाव हमसे छुपा नहीं रहता—अप्रस्तुत वहाँ प्रस्तुत की तरह ही साफ़ झलकता है। अनुवाद की कई कविताओं में यह बात आपके सामने आयी होगी।

'अछूत' को लीजिये। संस्कृत में एक प्रचलित कटूक्ति है—"विधाता, तुम कुछ भी मेरे भाग्य में लिख दो, पर रस से अछूते लोगों के आगे रस की बात कहनी पड़े, ऐसी दुर्दशा मेरी कभी न करना"—"अरसिकेषु रसस्य निवेदनं मा लिख मा लिख।" इस बात को 'अछूत' में चम्पा के नये उभरते पेड़ का प्रतीक लेकर प्रकार-भेद से बाँधा गया है। प्रतीक का सजीव निभाव ही यहाँ कविता है। पर यह भी स्पष्ट है कि बात चम्पा से नहीं, किसी नये उभरते कवि से कही जा रही है, जिसने अभी नासमझों की उपेक्षा नहीं देखी है। कविता में निराशा और कड़वाहट का

जो स्वर है, उसमें कवि नरेन्द्र का अपना दुखड़ा भी कहीं छुपा हो सकता है—संस्कृत के कवियों को समझदार संरक्षण की खोज में अक्सर भटकना पड़ता था। वैसे बात कवि पर ही नहीं किसी भी समानधर्मा कलाकार, जौहरी, गन्धी की दुर्गति पर कही जा सकती है। ऐसे ही दुर्गत लोगों पर सार्थक भी है। चम्पा तो यहाँ बहाना है। "भैंस के आगे भागवत न बाँचो" यों भी बात कही जा सकती थी।

पर यों कविता नहीं बनती। चम्पा के सजीव प्रतीक से कविता में एक बेसहारापन आ गया है, एक अभिशाप का-सा भाव जो न संस्कृत की उक्ति में आया है, न हिन्दी की कहावत में और न कवि की अपनी दुर्गति में रहा होगा। चम्पा का पेड़ बेचारा जहाँ है, वहाँ से कहाँ जा सकता है? खिले बिना रह भी कैसे सकता है? अभिशप्त है अपनी अन्यथा-गति की असम्भावना से। छुटकारा पाने का उसके पास कोई चारा नहीं। देश-काल-पात्र के बन्धन को लाँघ नहीं सकता। ये अनुकूल होते तो उसकी प्रतिभा का मोल होता, पर जिस अनिवार्य दशा में है, उसकी प्रतिभा ही उसके लिए अभिशाप है।

कटूक्ति का भाव दूसरी अन्योक्तियों में भी है। दो-टूक कड़वी बात कहने के लिए संस्कृत में अक्सर अन्योक्ति का सहारा लिया जाता है। प्रतीक की ओट में वार किया जाता है। पर प्रतीक को सजीव बनाने का भी शिल्प था, जैसा 'ओछे साथी' में है। हमारे सामने एक बड़ा जीता-जागता चित्र उकेरा गया है : हरे-भरे फलों से लदे छायादार पेड़ पर कोई आकर कुल्हाड़ी चलाता है—ऐसे पेड़ पर जिससे बहुतों का भला होता है। चिड़ियाँ उड़ जाती हैं, बन्दर अधखाये फल कुतरते, अलग खड़े देखते रहते हैं, और बटोही—ऐसे लोग जो विरोध कर सकते थे, वे भी अपने बचाव की ही सोचते हैं। कवि ने एक छोटा-सा करुण नाटक गढ़ दिया है—एक कुशल चितरे की तरह तीन-चार रेखाओं से उसमें प्राण भर दिया है।

कटूक्ति का चरम 'यह मरुथल है' नाम की कविता में है। यहाँ किसी सज्जन-विशेष की दुखान्तिका नहीं, परिस्थिति-विशेष की विभीषिका है। ऐसी परिस्थिति जहाँ प्राणों की साँसत सज्जन को भी दुर्जन बना

देती है। पेड़ को संस्कृत में निःस्वार्थ सज्जन का ही प्रतीक समझा गया है, जैसे 'मदान्ध' में। 'यह मरुथल है' में परिस्थिति को आँकने के लिए कवि ने एक छोटा-सा नाटक ही रचा है। नाटक का अन्त रोंगटे खड़े कर देता है। संस्कृत नाटकों के अन्त में विस्मय जगाने वाले अद्‌भुत रस का विधान था। कितने ही विघ्न, कितने ही दुख हों, सज्जन अपने पथ से टलता नहीं, सारा संसार हिल जाये, सज्जन अटल रहता है। उसी के बल पर ऋत और धर्म का विच्युत-चक्र फिर से अपना सही पथ पा लेता है। 'यह मरुथल है' को पढ़ते हुए पाठक के मन में संस्कार जागता रहता है कि चाहे कहीं अनर्थ हो रहा हो, पेड़ अपने सज्जन-धर्म का पालन करेगा ही—दुखियारे को शरण दे देगा। पर होता उलटा ही है; और यही इस छोटी-सी कविता की अनन्य सफलता है। हमें जिस पर सज्जन होने का पूरा भरोसा था, वह भी दुर्जन निकलता है, वह भी परिस्थिति की चपेट में आ चुका है। विस्मय का भाव जागता है, पर वैसा सौम्य 'देखो कैसे सब कुछ ठीक हो गया' वाला विस्मय नहीं। यहाँ अद्‌भुत के साथ शान्त नहीं—जैसा संस्कृत नाटकों के प्रयत्न के साथ सँजोया जाता था, यहाँ अद्‌भुत के साथ भयानक है। यही सूक्ति का चमत्कार है, जो 'छतनार पत्तों के तले' कविता में हुआ है (पृ. ९९) : जहाँ डूबते को पेड़ सहारा देकर थाम लेता है।

हम देखते हैं कि अपनी छोटी-सी कविता को एक छोटे से नाटक का रूप दे देना अक्सर मुक्तक कवि का ध्येय रहा है, उसके कविकर्म का अभीष्ट शिल्प। यह शिल्प अन्योक्तियों में ही नहीं, अन्य सूक्तियों में भी है। स्वाभाविक भी था। संस्कृत में नाटक को ही काव्य का चरम रूप माना जाता था, इसलिए नाटक का-सा रूप-विधान काव्य-मात्र का आदर्श बन गया था। नाट्येतर रचनाओं में भी जहाँ काव्य दृश्यकाव्य नहीं होता था—मंच पर नहीं दिखाया जाता था—वहाँ भी कवि से आशा की जाती थी कि ऐसी रचना करे जिसका नाटक की तरह चाक्षुष-प्रत्यक्ष न सही, पर नाटक जैसा ही मानस-प्रत्यक्ष किया जा सके—जो मन की आँखों के आगे नाटक की तरह खेला जाये। आदर्श इतना घर कर गया था कि कई ऐसी सूक्तियाँ भी, जिनके विषय में

अन्यथा नाटक का प्रसंग नहीं है, जैसे 'चाँदनी का जाल', लघु नाटिकायें ही हैं। 'चाँदनी का जाल' में एक छोटे-से, साधारण-से प्रकृति-चित्र को नाटक का रूप दे दिया गया है। नाटक का-सा घटनाक्रम उसमें एक चमत्कार ला देता है। हमारी आँखों के आगे मंच बिछाया जाता है। पेड़ों का झुरमुट है। उसमें अँधेरा आ छुपा है। ऊपर से चाँद की किरणें उतरती हैं और अँधेरे को पकड़ ले जाती हैं। कुमारदास के छोटे-से चित्र में नाटक की गति है; रचना का यही संवेग उसका प्राण है। संस्कृत में ऐसी ढेर सारी कविताएँ लिखी गयी हैं जहाँ प्रकृति पर मानव-सुलभ चेष्टा का आरोप प्रकृतिचित्र को नाटक में बदल देता है। एक बात फिर भी खटक सकती है। इन चित्रों में नाटक का प्रभाव तो है पर नाटक का सहज स्वभाव नहीं। मानव पात्र के बिना नाटक सचमुच नाटक नहीं बन पाता। प्रकृति का अचेतन पात्र मानव की छाया ही हो सकता है, मानव नहीं। नाटक का भाव प्रगल्भ तभी हो पाता है जब मानव पात्र का प्रवेश हो, प्रतिपात्र चाहे अचेतन प्रकृति ही क्यों न रहे। 'मिल गया अच्छा मेल' का प्रकृति चित्र देखिये। यहाँ भी अचेतन प्रकृति में चेतन का भाव सँजोया गया है : खण्डहर में एक ठूँठ-सा पेड़ खड़ा है, विषाद, निर्वेद, हताशा की मूर्ति-सा। पर उसका यह भाव तभी सजीव होता है जब कुछ थके, हारे, दुखियारे, निराश पथिक भटकते हुए उसके सामने आ खड़े होते हैं और उसमें अपनी दुर्दशा की मूर्ति देख पाते हैं।

दूसरी कई कविताओं में नाटक और भी अपरोक्ष है। कई उक्तियाँ संवाद की उक्तियाँ हैं, किसी से कोई कुछ कह रहा है, जिस सन्दर्भ में कह रहा है उसमें नाटक का घात-प्रतिघात स्पष्ट है। 'उठी काँप' में बात 'बैरन'—सौत—से ही कही जा रही है, पर—बीज रूप में ही सही—ईर्ष्या, प्रेम, अभिमान का ऐसा स्पन्द-प्रतिस्पन्द जगा देती है जो हमारी आँखों के आगे नाटक की तरह कौंध जाता है।

कई कविताओं में नाटक सवाल-जवाब का रूप लेकर और भी प्रत्यक्ष हो उठता है। जैसे 'पुरुषों को कौन समझ पाया' में और 'किसके आगे रोती हूँ' जैसी कविताओं में। ऐसी संवादमयी कविताएँ संस्कृत कवियों

को बहुत प्रिय थीं।

सूक्ति के कवि जहाँ नाटककार नहीं भी हैं, चितेरे हैं। संस्कृत के कवियों में अपने काव्य को एक 'दृश्य' रूप देने की गहरी ललक थी। अच्छे कवि एक छोटे-से पट पर छोटा-सा समर्थ चित्र आँक देने में कुशल होते थे। 'कनेर' में कुमारदास ने एक ऐसा ही चित्र आँका है। इससे भी समर्थ चित्र है मधुरशील के 'आभास' में, जहाँ सधी हुई रेखाओं से आँकी गयी एक ललना पूरी ऋतु को, एक समूचे आवह को समेटे हुए है। कविता में मैंने कुछ काट-छाँट की है। मधुरशील की अन्तिम पंक्ति है—''स्त्रीणामंगे विभजति तपस्तत्र तत्रात्मचिह्नम्''—''स्त्रियों के अंगों पर ग्रीष्म तत्र-तत्र अपना चिह्न बाँट रहा है।'' इसे मैंने एक सूत्र के-से सम्पुट में डाल दिया है—''गरमी के दिन दिखायी देते हैं।'' कविता को दो भागों में बाँटा जा सकता है। पहली तीन पंक्तियाँ एक चित्र आँकती हैं, चौथी, अन्तिम पंक्ति, चित्र का अर्थ बताती है—चित्र किसका है, किसका प्रतीक है—चिह्न है—किसकी ओर इशारा करता है, यह बताती है। इस अन्तिम पंक्ति को छोटा करने में उसके फैलाव को मैंने सिकोड़ दिया है, पर आशा करता हूँ, उसके अर्थ में, उसके संकेत में और तीख़ापन आ गया है।

मेरे प्रयास के पीछे एक कारण है। आप देखेंगे कि 'आभास' में ही नहीं कई सूक्तियों में अन्तिम पंक्ति पूरी कविता की गति को बटोरकर एक शिखर पर लाकर छोड़ती है। सूक्ति के शिल्प का यह एक स्वीकृत-सा कौशल जान पड़ता है। सूक्ति में जहाँ एक छोटा-सा नाटक बँधा हो वहाँ तो ऐसा होना ही चाहिए। जहाँ नाटक न भी हो, जैसे 'आभास' में, वहाँ भी यही प्रवृत्ति दिखायी देती है। इस चेष्टा में एक संगीत का-सा भाव है—अगर संगीत का स्पष्ट प्रभाव न भी हो। संगीत में एक तान होती है, जिसे आज हम 'उठाव' की तान कहते हैं। यों तान अपने आप पुरानी है और जिन दिनों ये सूक्तियाँ लिखी गयीं, उन दिनों भी ऐसी तान ज़रूर रही होगी, नाम उसका कुछ भी रहा हो। उठाव की तान छोटी सुघड़ तान होती है, ताल के बीच से उठती है, बन के आती है और सम पर आ टूटती है। अपने पहले आने वाले स्वर-विन्यास को

जैसे किनारे लगा देती है। सम पर अपनी सार्थकता को पा जाती है—मन में एक चमत्कार के साथ पूर्णता की प्रतीति जगा देती है। सूक्तियों की अन्तिम पंक्ति पूरी कविता को इसी तरह 'सम' पर ला छोड़ने का बोध जगाती है। उठाव की तान की तरह सम की ओर बढ़ती हुई कविता उसके साथ 'पूर्णमिदम्' का भाव पा लेती है। जैसे लहर उठे, उठकर बढ़े और किनारे पर आकर चुक जाये, पूरी हो जाये। 'आभास' और 'चाँदनी का जाल' में भी ऐसा ही संवेग है। पर कुशल गवैये कभी-कभी तान को आरोह के साथ तार पर ले जाकर, सम नीचे मन्द्र के स्वर पर ले लेते हैं। इसमें एक अचीता, अनहोना-सा चमत्कार होता है। कई सूक्तियों में हम ऐसा भी चमत्कार पाते हैं, विशेषकर ऐसी सूक्तियों में जहाँ कवि का ध्येय व्यंग्य होता है, किसी पर वह फबती कसना चाहता है। जैसे 'लेकिन अशोक' में—अशोक की स्तुति से ऊपर चढ़ाकर अन्त में कवि एक झटके से नीचे गिरा देता है।

आरोह-अवरोह का ऐसा ही प्रयोग स्तुति के अर्थ में भी किया जा सकता है, किया भी जाता था। इसमें गीत को पलट दिया जाता है, अवरोह करती हुई तान अचानक ऊपर को मुड़ती है और ऊपर के 'सा' पर सम ले लेती है। वटवृक्ष पर लिखे दो छन्दों में—'बरगद' और 'बड़प्पन' में, हम ऐसी गति की बानगी देख सकते हैं।

शिल्प के इन नाट्यवत्, चित्रवत्, या संगीतवत् प्रयोगों के पीछे कविकर्म का एक प्रयोजन होता था। कवि जिन विषयों और प्रतीकों पर लिखते थे अक्सर बड़े चलते हुए रूढ़ विषय या प्रतीक होते थे, जिनकी व्यंजना-गम्भीर ध्वनि घिस-पिटकर लगभग अभिधा का रूप ले चुकी थी। कवि का कौशल इस बात में था कि रूढ़ि की पुरानी ठठरी में नयी जान फूँक दे, लीक से चले आ रहे अर्थ का कायाकल्प कर दे। इसके लिए कवि नाट्य, चित्र या संगीत का मार्ग अपनाते थे।

पर और भी मार्ग थे। कहीं एक नयी उपमा ही अर्थ में नया आभास ला दे सकती थी और नयी उपमा के सहारे अभिव्यक्ति को भी नया स्पन्द, नया मोड़ दिया जा सकता था। संस्कृत के कवि-शिल्पी इस बात को अच्छी तरह जानते थे। यह कविकर्म का लीलाभाव था जिसमें कभी

एक नटखट खेल का या अठखेल का भाव भी आ जाता है। ऐसा भाव सूक्तियों में ही सुलभ है, महाकाव्य में नहीं। चाँदनी खीर की तरह छिटकी हुई है—उजली, धवल। एक बादल भूखे बिल्ले की तरह आया और झट, कर गया चट ('बिल्ला एक बादल')।

पर नयी उपमा अभिव्यक्ति में एक नयी गहरायी भी जगा सकती है; भाव को किसी उदात्त भूमि का संकेत दे सकती है। जैसे 'बोधिसत्त्व' में। वृक्ष को करुणामय और परोपकारी कहना हमारे यहाँ कोई नयी बात नहीं है। पर कवि ने उसे बोधिसत्त्व कहकर ध्वनि का एक बड़ा सम्भार इस पुराने अर्थ में पिरो दिया है। यों भी यह कोई निरे संयोग की बात नहीं थी कि बुद्ध को वृक्ष के तले बोधि की प्राप्ति हुई। हमारी संस्कृति में वृक्ष की बड़ी गरिमा है। धर्म की तुलना वृक्ष से की गयी है। भगवान विष्णु का भी एक नाम वृक्ष है। पुराण-कथा है कि प्रलय-काल में जब सारा विश्व-ब्रह्माण्ड कारण-सलिल में समा जाता है तब उस सलिलमय संसार में ऋत का वृक्ष बचा रहता है जिसके पत्ते पर भगवान बाल-कृष्ण लेटे हुए अपने पाँव का अँगूठा चूसते दिखायी देते हैं; इसी पुरा-कथा का एक रूप सूक्तिकार के उस छन्द में है जिसको मैंने 'एक अकेला पेड़' का नाम दिया है।

अन्योक्ति की तरह ही काव्य का एक और ऐसा प्रकार था जो सुभाषितकार को बहुत प्रिय था, स्वभावोक्ति—किसी वस्तु या यों का यों बिना किसी अलंकार का सहारा लिये वर्णन कर देना। कुछ काव्य-चिन्तकों के लिए मूलभूत प्रश्न उठता था कि स्वभावोक्ति जब अलंकार से बिलकुल रीती है तो क्या उसको काव्य कहा भी जा सकता है? वस्तु का यों का यों वर्णन तो हम कई प्रयोजनों से करते हैं जहाँ भाव जगाने का कोई उद्देश्य नहीं होता—ऐसे वर्णन को काव्य कहें तो अकाव्य क्या होगा? काव्य तो तब बनता है जब वर्णन को अलंकार से सजाया-सँजोया जाता है। फिर स्वभावोक्ति को काव्य कैसे माना जाये?

पर कोई भी काव्य-रसिक अच्छी स्वभावोक्ति के काव्य होने से इनकार नहीं करता था। यह प्रश्न ज़रूर उसके मन में उठता था कि स्वाभावोक्ति में वह कौन-सी बात होती है जो उसे काव्य की कोटि में ला ठहराती

है? मैं रुय्यक के आधार पर उत्तर देता हूँ : स्वभावोक्ति में वस्तु को, जैसी वह है उसी रूप में देखते हुए उसका ऐसा सूक्ष्म वर्णन होता है, ऐसे 'पहलुओं' को उभारा जाता है कि वस्तु का मर्म, उसका अपना अनूठा स्पन्द, सौन्दर्य की अनुभूति जगा देता है। अलंकार योजना में एक अतिरंजना होती है। अलंकार उपमा, रूपक, उत्प्रेक्षा के बहाने प्रस्तुत वस्तु को अप्रस्तुत के सहारे प्रभा-मण्डित करते हैं। स्वभावोक्ति साधारण परिचित-सी वस्तु के वर्णन में भी अप्रस्तुत का सहारा नहीं लेती, पर सूक्ष्मदृष्टि से प्रस्तुत के ही ऐसे सहज गुणधर्म उजागर कर देती है जिनकी ओर हमारा ध्यान अनायास नहीं जाता लेकिन जिनके उजागर होते ही साधारण-सी भी वस्तु असाधारण चमत्कार से खिल उठती है। इसका एक उदाहरण मैं समझता हूँ 'गौरैया आयी दल की दल' है। दूसरा 'सवेरे सवेरे' को ले सकते हैं।

'रिपु भवन' को भी हम स्वभावोक्ति का उदाहरण कह सकते हैं। पर सच पूछिये तो वह स्वभावोक्ति है नहीं। उसमें स्वभावोक्ति कुछ और कहने का बहाना है। अच्छा बहाना है। पर है बहाना ही, क्योंकि वहाँ कवि योगेश्वर का ध्येय किसी सूने महल में चूहे का शिकार करती बिल्ली का वर्णन करना नहीं है—हालाँकि उनका वर्णन बड़ा सूक्ष्म, सजीव स्वभावपरक बन पड़ा है। उनका ध्येय प्रस्तुत के बहाने अप्रस्तुत का संकेत है। वे अपने जजमान राजा की प्रशंसा करना चाहते हैं, जिसने दुश्मन के उस महल को सूना कर दिया है, जहाँ कभी राजसी ठाठ के जौहर थे। उस महल में अब बिल्ली-चूहों का खेल होता है। 'आज घर-घर गाँव खण्डहर' योगेश्वर की कविता से कुछ-कुछ मिलती है। पर यह सचमुच स्वभावोक्ति है। 'रिपु भवन' और इसमें जो साम्य है वह ऊपर से देखने पर ही दिखता है। सतह का साम्य है। योगेश्वर की कविता में किसी महल के उजड़े सूनेपन को छिपाने की चेष्टा है : किसी राजा की महिमा की आड़ में खड़े होकर एक बिल्ली-चूहे का खेल दिखाते हुए प्रस्तुत की व्यथा को सचमुच अप्रस्तुत कर देने की ढिठाई है। पर 'आज घर-घर गाँव खण्डहर' में बात बिलकुल उलटी है। वहाँ उजड़ापन कचोट जाता है। ध्वंस के सूनेपन

की व्यथा जगा जाता है।

कविता के शिल्प पर आलोचक ही नहीं सोचता, कवि भी सोचते हैं। दोनों के विचार, विचारधर्म की एक-सी प्रज्ञा से प्रेरित होकर एक-से रास्तों पर चलते भी हैं। पर दोनों की अभिव्यक्ति में अक्सर बड़ा अन्तर होता है। कवि कविकर्म को भी अन्य विषयों की तरह कविता का विषय बना लेता है। और ऐसी आत्मदर्शी परम्पराओं में जहाँ कविता अपने शिल्प के प्रति ही नहीं, उसके विमर्श के प्रति भी जागरूक है, वहाँ कविकर्म पर कविता करने की एक पूरी पम्परा ही बन खड़ी होती है। 'आधुनिक' कहलाने वाली परम्परा का भी यह एक लक्षण है। संस्कृत में भी ऐसा हुआ है। संग्रह की कई कविताओं का विषय ही कविकर्म है। एक ऐसी कविता राजशेखर की *काव्यमीमांसा* से हम ऊपर देख चुके हैं, जहाँ किसी कवि आलोचक ने अपने काव्य-बोध का उद्घाटन कविता में ही किया है। इसमें विचार है पर विचार की अभिव्यक्ति में कविता है। कविता के अपने स्वरूप पर कविता।

काव्यमीमांसा की कविता में एक अपनी तरह का दोहरापन है : विचार भी है, कविता भी। विचार को तर्क और युक्ति के सहारे गद्य में भी कहा जा सकता था। शायद और स्पष्ट-साफ़ कहा जा सकता था, पर जिस तरह से कहा गया है वह कविकर्म का मार्ग है। पुराने संग्रहों में कविता पर—और कवियों पर भी—कई छन्द एकत्रित किये गये हैं। कुछ में ही कविता के गुण हैं, सब में नहीं। कुछ को तो कविता कहना अनाचार होगा। ''माघे सन्ति त्रयो गुणाः'' वाला छन्द ऐसे ही छन्दों में है। यहाँ केवल अलंकार शास्त्र की कुछ कोटियों के आधार पर कवियों का पद्य में वर्गीकरण है, कविकर्म की कोई चेष्टा नहीं।

पर मैंने जो छन्द चुने हैं, समझता हूँ, उनमें कविकर्म का भी प्रकाश है। 'अर्थ' को लीजिये। आलंकारिकों का एक सिद्धान्त है कि अच्छी कविता प्रासादिक तो होती ही है, साथ ही उसमें भविष्य के लिए चर्वण की भी अगाध सम्भावना होती है : कविता सुगम होती है—एकबारगी समझ में आ जाती है—पर रसबोध में बार-बार जागती हुई नये-नये अर्थों में पुनर्नवा होती रहती है। इस भारी-भरकम से नितान्त विमर्शधर्मा

सिद्धान्त को कवि ने विनोद के भाव से 'अर्थ' शब्द पर श्लेष की चुटकी लेते हुए, सहज-सा, हलका-फुलका सा बना दिया है।

काव्य की रुचि में सहृदय के संस्कार अक्सर एक लीक का-सा रूप ले लेते हैं। कवि भी वैसे ही संस्कारों से उभरता है। पर वह नयी कवितायें भी बनाता है, इसलिए पुरातन में निहित नूतन की सम्भावनाओं के प्रति जागरूक रहता है—पुराने को तोड़कर नये-नये रूपों में जोड़ता रहता है, रसबोध की नयी-नयी दिशायें जगाता रहता है। वह चाहता है कि सहृदय भी उसके साथ-साथ चले। पर संस्कारों की लीक से निकलकर सहृदय अक्सर कवि का साथ दे नहीं पाता। उसे व्यथा ही देता है। 'छन्द भी हवा' में कुछ-कुछ ठिठोली के साथ और कुछ कड़वाहट के तीख़ेपन के साथ ऐसे ही व्यथा की नाटकीय अभिव्यक्ति है। इस वर्ग की अन्य कविताओं में भी मैं समझता हूँ, कविकर्म की किसी-न-किसी रूप में अभिव्यक्ति है।

तीन-चार कविताएँ ऐसी हैं जिन्हें अन्योक्ति या स्वभावोक्ति की तरह कविकर्म या काव्य के शिल्प का विशेष प्रकार तो नहीं कह सकते, पर ये कविताएँ भाव और विषय की दृष्टि से संस्कृत साहित्य में असाधारण हैं, विरल हैं, अवधेय हैं। इन्हें हम परकीया भाव का काव्य कह सकते हैं। बात को समझने के लिए पहले परकीया भाव को समझें। क्या है परकीया भाव?

परकीया भाव की ललक, उसकी साधना और कविता में उसकी अभिव्यक्ति, विदग्ध नागर समाज की एक विशेषता थी। जिसका संगम निषिद्ध है, ऐसी स्त्री का संगम ही संगम का उत्कर्ष है—परकीया भाव के पीछे विदग्ध रसिक का यही मनोभाव था। *चौरपंचाशिका* को लीजिये। कहानी प्रसिद्ध है। बिल्हण ने निषिद्ध राजकन्या से छुपकर प्रेम किया। पकड़ा गया। जब उसे सूली पर चढ़ाने के लिए वध-स्थान पर ले जाया जा रहा था तब भी वह अपने निषिद्ध प्रेम की स्मृति में ही आत्मविस्मृत रहा। ''अब भी मैं उसको भुला नहीं पा रहा हूँ'' की टेक रखे हुए उसने राजकन्या के सुरत का गीत गाते हुए पचास श्लोक कहे जो *चौरसुरतपंचाशिका* या *चौरपंचाशिका* के नाम से प्रसिद्ध हैं।

कहानी मनगढ़न्त हो सकती है, हालाँकि मूल काव्य में ही उसके बीज मिल जाते हैं। पर इसमें शक नहीं कि *चौरपंचाशिका* में निषिद्ध प्रणय का ही विजयगीत है। भाव के अनुकूल ही बन्ध में एक निर्बन्ध-सा अनवरुद्ध प्रवाह भी है, जो रसिकमात्र पर छा गया था।

फिर भी प्रश्न उठ सकता है कि *चौरपंचाशिका* का विषय निषिद्ध प्रेम ही है, इसका प्रमाण क्या? विस्तार में नहीं जाऊँगा पर एक पते की बात कहने का लालच फिर भी करता हूँ। पूना संशोधित संस्करण के चौथे ही छन्द में नायिका के लिए यह विशेषण आया है, "प्रच्छन्नपापकृतमन्थरमावहन्ती"—"प्रच्छन्न पाप के कारण सहमी हुई।" इसके बाद, मैं समझता हूँ, भ्रम नहीं बच रहना चाहिए।

पर *चौरपंचाशिका* में परकीया भाव का सूत्रपात नहीं है। उसका स्फुट, समर्थ, निर्बन्ध प्रकाश *चौरपंचाशिका* के पहले से ही होता आया है। *चौरपंचाशिका* तो उस परम्परा की एक कड़ी है—ऐसी कड़ी है जो प्रसिद्धि के कारण बरबस ध्यान खींच लेती है।

परकीया भाव के आदर्श का उद्घोष करता हुआ एक प्राचीन श्लोक यहाँ रखता हूँ, जहाँ अपनी ही गृहिणी के प्रेम को प्रेम नहीं गृहाश्रमव्रत बताया गया है :

इन्दुर्यत्र न निन्द्यते न मधुरं दूतीवचः श्रूयते
नालापा निपतन्ति वाष्पकलुषा नोपेति कार्श्यं वपुः।
स्वाधीनामनुकूलितां स्वगृणीमालिङ्ग्य यत्सेव्यते।
किं तत्प्रेम गृहाश्रमव्रतमिदं हि कष्टं समाचर्यते॥

"जहाँ चाँद को गाली न दी जाये, कानों में दूती के मीठे बोल न पड़ें, बातें आँसुओं से भीग-भीग न जाती हों, शरीर सूखकर काँटा न हो जाये, उसे प्रेम कहना ठीक नहीं है। अपने बस में रहने वाली, बरबस अपनी ओर झुकी हुई, अपनी ही स्त्री की अँकवार में सो रहना—यह तो गृहाश्रम के कठोर व्रत का पालन है, प्रेम नहीं।"

पुराने संस्कृत साहित्य में ऐसे कई मिल जायेंगे। अलंकार ग्रन्थों को और सुभाषित संग्रहों को उठाकर देखने भर की देर है।

बिल्हण ने अपनी नायिका को "प्रच्छन्नपापकृतमन्थरमाहवन्ती" कहा है—"प्रच्छन्न पाप से डरी-सहमी हुई।" पर कहना न होगा कि जो निषिद्ध है उसको प्रच्छन्नभाव से करने में डर ही नहीं, एक विशेष आस्वाद भी होता है, एक अभीप्सा, एक सिहरन होती है जो प्रवृत्ति को उकसाती है। यह 'लज्ज़ते-गुनाह' अक्सर संस्कृति का—विशेषकर विदग्ध संस्कृति का—आदर्श भी बन ही जाता है।

पर पुरुष-तन्त्र समाज में संस्कृति के अगुवा पुरुष ही रहते हैं, चाहे आदर्श लज्ज़ते-गुनाह का ही क्यों न हो। ऊपर के छन्द में साहसकर्मा पुरुष ही है, स्त्री को तो डर से सुबकती हुई 'वाष्पकलुषा' कहा गया है। बिल्हण के काव्य में भी परकीयाभाव का मृत्युंजय शौर्य नायक का ही गुण है। नायिका तो सहमी हुई पश्चात्ताप से पथरायी हुई सी ही है। परकीया भाव वहाँ पुरुषोचित साहस का पुरुषार्थ है। स्त्री तो साहस की पात्र है, उसके प्रति साहस किया जाता है। वह साहस नहीं करती; बल्कि उसके मन में ग्लानि की कुण्ठा-सी ही जागती रहती है। पुरुष-तन्त्र समाज में यह स्वाभाविक ही था।

पर यह चित्र अधूरा है। स्त्री उतनी दीन-दलित नहीं थी जितना आपातदृष्टि से अनुमान हो सकता है। परकीया भाव का ही एक स्त्रीरूप या स्त्रीपक्ष भी संस्कृत साहित्य में उभरकर आता है। इसी को मैंने ऊपर परकीया भाव का नाम दिया है।

एक बहुत प्रसिद्ध उदाहरण लेता हूँ—इसे परकीया भाव का निदर्शन कहा नहीं जाता पर कहा जा सकता है, और कहा जाना भी चाहिए। मम्मट का काव्यप्रकाश संस्कृत के चोटी के अलंकार ग्रन्थों में गिना जाता है। जिसे भी संस्कृत आलोचना-साहित्य में दीक्षा दी जाती है, उसे *काव्यप्रकाश* में प्रवेश कराया ही जाता है। *काव्यप्रकाश* में उदाहरण के रूप में कई श्लोक दिये गये हैं। पहला ही उदाहरण-श्लोक है :

> यः कौमारहरः स एव हि वरस्ता एव चैत्रक्षपा-
> स्ते चोन्मीलितमालतीसुरभयः प्रौढ़ाः कदम्बानिलाः।

सा चैवास्मि तथापि तत्र सुरतव्यापारलीलाविधौ
रेवारोधसि वेतसीतरुतले चेतः समुत्कण्ठते॥

श्लोक का अर्थ अभी थोड़ी देर में करता हूँ; पहले इसके साथ घटे एक इतिहास को लें। बड़ा रोचक है। यह श्लोक महाप्रभु श्री चैतन्य को बहुत प्रिय था। जगन्नाथपुरी में जब उनकी भक्ति विरह की पराकाष्ठा पर थी, तब जब वे रथयात्रा के समय रथ के आगे नाचते-गाते हुए चलते थे तो बङ्ला में विरह का एक पद गाया करते थे : "सेहत परानन्नाथ पाइनु। जाहां लागि मदनदहने झूरि गेनु।" (मुझे वह प्राणनाथ मिल गये, जिनके कारण काम की आग में जल गयी हूँ)। विरह भक्ति के इस पद के साथ भाव में आकर वे मम्मट का यही श्लोक भी पढ़ा करते थे।

अब इस श्लोक का अर्थ लीजिये : "जिसने मेरे कौमार का हरण किया था वही आज मेरा पति है, वे ही चैत की रातें हैं। खिली हुई मालती की महक से भीनी कदम्बवन की सघन बयार है। मैं भी वही हूँ। फिर भी मन बेतों के झुरमुट में रेवा किनारे की उसी रतिलीला के लिए ललकता है।"

यहाँ परकीय भाव की कसक की बड़ी सशक्त व्यंजना है : आज जो पति है, मैं उसी से जब पहले मिलती थी तो मिलन में निषेध की वक्रता थी, वह रस अब स्मृति में ही शेष रह गया है। उसको पा नहीं सकती।

पर श्री चैतन्य को यह श्लोक क्यों उद्वेलित करता था? उनके भक्तमन को कैसे छू जाता था? इसकी कसक तो नितान्त इहलौकिक है। बात को समझने के लिए भक्ति के उस सर्वतोग्राही भावलोक को ध्यान में रखना होगा जिसने सारी पुरानी प्रवृत्तियों को भक्ति के रंग में रँगते हुए संस्कृति को एक बिलकुल नया मोड़ दे दिया था। भक्ति का मर्म-ग्रन्थ *भागवत* है और *भागवत* कृष्ण के प्रति गोपियों के प्रेम को—गोपीभाव को—भक्ति का परम रहस्य बतलाता है। वह गोपीभाव पुराना परकीय भाव ही है जो कृष्णोन्मुख हो गया है। इसी गोपीभाव का प्रकर्ष *भागवत* के बाद राधाभाव में हुआ। चैतन्य राधाभाव के ही अवतार माने जाते हैं। कृष्ण उनमें राधा का विरही मन लेकर अवतरित हुए थे।

चैतन्य की भक्ति जिस मधुर रस की भक्ति थी, उनके सम्प्रदाय में उसका सार परकीया भाव को माना गया है। *चैतन्य चरितामृत* में कृष्णदास कविराज कहते हैं : "परकीयाभावे अति रसेर उल्लास" (आदिलीला, चतुर्थ परिच्छेद)। इसी परकीया भाव का चरम गोपियों में था जो राधा में पूरा निखर उठता है : "ब्रजबधूगणेर एइ भाव निरवधि। तार मध्ये श्रीराधाय भावेर अवधि।" चैतन्य इसी भाव से अनुप्राणित होकर मम्मट के श्लोक का रस लेते थे, उनके लिए श्लोक की लौकिक कसक में राधाभाव की अलौकिक आकृति थी। अभिव्यक्ति के लौकिक भाव में यों अलौकिक की व्यंजना का अनुभव भक्तिकाल में कोई नयी बात नहीं थी।

यहाँ एक छोटी-सी बात और कहना चाहूँगा। राधा के भाव को कृष्णदास कविराज ने 'परकीया' भाव का नाम दिया है। यह उचित नहीं है। परकीय भाव तो राधा के प्रति कृष्ण का होगा। राधा का भाव तो परकीया भाव ही कहलाना चाहिए। मम्मट की नायिका का भी यही भाव है। हालाँकि इहलौकिक है।

यहाँ झगड़ा केवल नामकरण का नहीं है, भाव के स्वतन्त्र स्वरूप को पहचानने का भी है। यह स्त्री का भाव है, पुरुष का नहीं। संस्कृत और विशेषकर प्राकृत के काव्य में परकीय भाव के अनगिनत उदाहरण मिल जायेंगे। दूर जाने की ज़रूरत नहीं, *गाथासप्तशती* को ही उठाकर देख लीजिये। ऐसी बहुत-सी कविताएँ हैं जहाँ परकीय प्रेम का साहस पुरुष का नहीं, स्त्री का ही दिखाया जाता है। पर इस साहस में शौर्य नहीं एक चतुरायी है, चौर्य है, मिलन को कैसे छुपाया जाये, इसके सौ-सौ पैंतरे हैं। मैंने भी इस भाव की एक कविता का अनुवाद किया है : 'छठ की सहेट'। नायिका चालाकी से अपने निषिद्ध मिलन को छुपाती है। रीतिकाल की कविता में इस भाव के ढेरों छन्द मिल जायेंगे। पर मैं जिन तीन-चार कविताओं की ओर आपका ध्यान ले जाना चाह रहा हूँ, उनका तेवर ही और है। उनमें एक व्यंग्य, प्रहार, विद्रोह का विलक्षण स्वर है जो उन्हें पुरुष के अहेरीनुमा परकीया भाव से ही नहीं, परकीया भाव को भी अन्य कविताओं से बिलकुल अलग

कर देता है। ये कविताएँ हैं : 'जब तक चाँद-सूरज है', 'प्रेम का पाठ' और 'पापशमन'। और कोई गुण इनमें न भी हो, तो भी इसी विलक्षण परकीय भाव के कारण इनकी ओर ध्यान जाना चाहिए। बिल्हण की राजकुमारी जहाँ पाप के डर से पथरायी-सी हुई है, वहीं 'पापशमन' की नायिका के लिए सहेट का कुंज वह स्थान है जहाँ 'पति संग के पाप धुल जायेंगे'।

इसी के साथ ही मुझे अपनी बात का अन्त कर देना चाहिए। पर अनुवाद के बारे में भी कुछ कहने की चाह है क्योंकि मैंने कविता का अनुवाद कविता में किया है। आज का युग अनुवाद का युग है। जितने अनुवाद आज होते हैं, उतने पहले कभी नहीं हुए। अनुवाद कविता के भी होते हैं और काफ़ी मात्रा में होते हैं। बार-बार प्रश्न उठाया जाता है—क्या कविता का अनुवाद हो भी सकता है ? पर अनुवाद होते हैं और सफल अनुवाद भी होते हैं। आज कविता का अनुवाद साहित्य का एक स्वीकृत, परिचित अंग हो गया है।

कविता के अनुवाद की समस्या क्या है ? कविता शब्दों में लिखी-कही जाती है और एक शब्द का अर्थ दूसरे शब्द से जताया जा सकता है, जताया जाता ही है, फिर समस्या कहाँ है ?

कुछ काव्यशास्त्रियों ने कहा है कि कविता का प्राण ध्वनि है। एक शब्द की ध्वनि को दूसरा शब्द नहीं पकड़ सकता। ध्वनि आती तो शब्द से ही उभरकर है। पर उसकी पहुँच शब्द की सीमा को लाँघ जाती है। दो शब्दों का अर्थ एक हो सकता है, फिर भी ध्वनि भिन्न। इसलिए अगर उसी कविता को दूसरे शब्दों में लिखा-कहा जाये—फिर चाहे उसी भाषा में क्यों न लिखा-कहा जाये जिसमें कविता रची गयी हो—तो भी कविता वही नहीं रहेगी। उसकी ध्वनि मूक हो जायेगी या ध्वनि के अनुरणन का स्वर बदल जायेगा। अगर हमें लगे कि एक कविता की गूँज दूसरे शब्दों की पकड़ में पूरी आ गयी है तो समझना चाहिए कि ध्वनि थी ही नहीं—या फिर हमें ध्वनि की प्रतीति नहीं हो पायी थी। और ध्वनि का अनुवाद नहीं हो सकता।

ध्वनि कविता का ही नहीं भाषा मात्र का सहज गुण है। आम बातचीत

में भी ध्वनि होती है। उसी को कवि निखारता है, उसके बीज को सींचकर छतनार पेड़ बनाता है। हम कहते हैं—लड़की क्या है, बारूद है। इसे दूसरे शब्दों में समझाना चाहें तो कह सकते हैं—लड़की बहुत तेज़ है, बड़ी गुस्सैल है, छोटी-सी बात पर आग हो जाती है, ऐसे फट पड़ती है कि आगा-पीछा नहीं सोचती, भयंकर उत्पात मचा देती है, सँभालना दूभर हो जाता है...आदि-आदि। मगर किसी भी रूपान्तर में वह ध्वनि नहीं है जो 'बारूद' में है। बारूद कहने से जो भाव जागता है, उसे दूसरे शब्दों में नहीं कहा जा सकता। वही उसकी ध्वनि है। वह संगीत की तरह है, उसे अर्थ में बाँधा नहीं जा सकता। और संगीत का अनुवाद कैसा?

तो फिर कविता के सफल अनुवाद कैसे होते हैं? मैं समझता हूँ, अनुवादक मूल के आधार पर एक नयी कविता गढ़ लेता है और अनुवाद का मूल से अलग अपना एक नया अस्तित्व हो जाता है। तो फिर प्रश्न उठता है कि मूल के साथ उसका सम्बन्ध क्या होता है? कविता अगर नयी होती है तो उसे किसी मूल का अनुवाद क्योंकर कह सकते हैं?

इस प्रश्न का एक उत्तर हमें संस्कृत काव्य-विमर्श की परम्परा में भी मिलता है। पुरानी कविता को नयी कर लेना और इस तरह उसे अपना बना लेना संस्कृत में कविता करने का माना हुआ मार्ग था। काव्यचोरी का प्रसंग उठाते हुए राजशेखर ने अपनी—*काव्यमीमांसा* में इसकी विस्तार से चर्चा की है और इसे 'स्वीकरण' की संज्ञा दी है। उन्होंने बड़ी पैठ के साथ विवेचन करते हुए कहा है कि दूसरों की कविता को अपना लेने भर से चोरी नहीं हो जाती, बात इस पर निर्भर करती है कि कैसे अपनायी जाती है दूसरे की कविता। नया कवि उसके साथ करता क्या है? उन्होंने अपनाने के दो बिलकुल भिन्न प्रकार बतलाये हैं—एक हरण, दूसरा स्वीकरण। हरण सरासर चोरी है। पर स्वीकरण चोरी नहीं है। उसमें सृजन है, उत्पादन है। नयी रचना का अधिकार है। दूसरे की कविता को थोड़ी-सी ऊपरी हेराफेरी के साथ अपने नाम पर चला देना हरण है। हरण की हुई कविता नाम को ही अपनी कहला सकती

है, सचमुच अपनी नहीं बन पाती। पर स्वीकरण की प्रक्रिया तो सचमुच अपना बना लेती है। नया कवि पुरानी कविता को नया रंग-रूप दे देता है, उसमें नयी बात ला देता है। ऐसे कवि को 'उत्पादक' कहना ही उचित होगा। पर इतना होने के बाद भी नयी कविता में पुरानी कविता पहचानी जा सकती है।

आज हम अनुवाद करते हैं तो मानकर चलते हैं कि मूल और अनुवाद की भाषायें भिन्न हैं। राजशेखर जिस स्वीकरण की बात करते हैं, उसमें भाषा का भेद महत्त्व की बात नहीं थी। स्वीकरण उसी भाषा से भी हो सकता था, दूसरी भाषा से भी। संस्कृत, प्राकृत, अपभ्रंश के कवि एक-दूसरे की कविता को अपनाते—स्वीकरण करते—नहीं हिचकिचाते थे। ऐसा लेन-देन आम था। विभिन्न भाषाओं के कवि एक साथ पलते, बड़े होते हुए अपनी कला को माँजते थे। अक्सर एक ही सभा के 'रत्न' होते थे। सभा के बाहर भी साथ परवान चढ़ते थे।

भाषान्तर से स्वीकरण की इस परम्परा का प्रवाह रीतिकाल तक देखा जा सकता है। राजशेखर के युग की कविता के समान रीतिकाल की कविता भी बड़ी मात्रा में एक-दूसरे से स्वीकरण की कविता है। इस अर्थ में रीतिकाल के कवि संस्कृत-प्राकृत को भी अपनी बपौती समझते थे। स्वीकरण के रास्ते उनमें से कुछ ले लेना, अपना लेना, अपनी 'कविताई' का अभिन्न अंग मानते थे।

अनुवाद भी कविकर्म से कुछ-कुछ स्वीकरण जैसी ही माँग करता है। कविता का अनुवाद एक ऐसा रूपान्तर होना चाहिए जो अपने आपमें एक नयी कविता हो। पर अनुवाद का आधुनिक आदर्श एक और भी माँग करता है जो स्वीकरण से भिन्न है। अनुवाद एक विशेष प्रकार का स्वीकरण है जो अनुवाद के पुराने आदर्श पर एक नया बन्धन डालता है—रूपान्तर के स्वरूप को कस देना चाहता है। अनुवाद एक नयी कविता की तो माँग करता है जो स्वीकरण के रास्ते बनायी गयी हो, पर साथ ही अनुवाद का यह भी आदर्श है कि रूपान्तर मूल से हटे नहीं, उसकी आत्मा को न बदले। अनुवाद की कविता एक नयी कविता हो, पर मूल में जिसकी थी उसकी भी बनी रहे। जिस भाषा में हम अनुवाद

कर रहे हैं, मूल लेखक अगर उसी भाषा में रचना करता है तो वह जैसी होती—अनुवादक इसी लक्ष्य की सिद्धि में तत्पर रहे। मूल के भाव को, अर्थ को और उसकी आत्मा को अनुवाद में उतार लाये। इसलिए अनुवाद का आधुनिक आदर्श एक छलावा-सा लग सकता है, जिसे आसानी से पाना सम्भव नहीं, मानो अपनी ही काया में रहते हुए परकाय प्रवेश करना चाह रहे हों। मैंने जो मार्ग अपनाया है उसे स्वीकरण के रास्ते अनुवाद का मार्ग कहना चाहूँगा।

सफलता मिले या नहीं, एक लाभ ऐसे अनुवाद में होता है। अनुवादक को स्वीकरण के रास्ते अपनी सीमाओं से, अपनी भाषा की बँधी हुई लीकों से बाहर निकलने की चेष्टा करनी पड़ती है। चेष्टा सफल न भी हो तो भी विस्तार की सम्भावना का इंगित तो मिल ही सकता है। आप कहेंगे कि संस्कृत से कुछ भी अपनाने में ऐसे किसी विस्तार का इंगित ही नहीं है। संस्कृत का काव्य बड़ी रूढ़ियों में कसा काव्य है और यों भी उसकी सारी सम्भावनायें हिन्दी को बपौती के रूप में मिल ही चुकी हैं—उसमें नया क्या है? बल्कि वह बपौती एक बोझ है, जिसे उतार फेंकना ही अच्छा है। स्वीकरण के रास्ते अनुवाद करना हो तो ऐसी भाषा से करना चाहिए जो सचमुच परायी हो।

इसके उत्तर में बहुत कुछ कहा जा सकता है। पर मैं फ़िलहाल इतना ही कहूँगा कि ऐसे कथन के पीछे संस्कृत काव्य के अधकचरे बोध का परिचय है। हमारे मन में एक रूढ़ि, एक लीक बन गयी है कि अब वहाँ कुछ भी नहीं। सच यह है कि संस्कृत की कई धाराओं में से कुछ ही हम तक आयी हैं। बड़ी लम्बी, बड़ी जीवन्त परम्परा थी। अब भी वहाँ बहुत कुछ ऐसा है, जिसमें हमारे लिए नयेपन का चमत्कार है। इस चमत्कार की एक झलक भी मेरे *स्वीकरण* में आ गयी हो तो अपने को सफल समझूँगा।

अन्त में एक छोटी-सी बात और कहना चाहूँगा। प्रश्न उठ सकता है कि अगर मैंने सचमुच, किसी भी रास्ते हो, अनुवाद की चेष्टा की है तो फिर मेरी भाषा का कहाँ तक औचित्य है? और मेरे बन्ध का? प्रश्न इसलिए उठता है क्योंकि संस्कृत के नाम से ही हम बड़ी भारी-भरकम

भाषा की कल्पना करने लगते हैं, और इसमें शक नहीं कि संस्कृत के कई कवि भाषा को कृत्रिम बनाने में बड़े दक्ष थे। पर भाषा का ऐसा प्रपंच सूक्तिकारों का ध्येय नहीं था। उनकी भाषा सीधी, सुथरी, प्रासादिक भाषा है, वर्णाडम्बर या शब्दालंकार के जटिल जाल बुनने की साधना नहीं है। बनाव है पर बनावट नहीं है। और बनाव भी बात को नाप-तौलकर कहने में है, सजाकर कहने में है, बड़ा सहज बनाव है। 'आकांक्षा' नाम की कविता में संस्कृत के एक-एक वाक्य-खण्ड को मैंने अलग-अलग पंक्तियों में लिख देने के सिवा कुछ नहीं किया है। अन्य कविताओं में भी जहाँ कोई छोटा-सा नाटक रचा गया है या चित्र आँका गया है या उठाव की सुघड़ तान का उतार-चढ़ाव बाँधा गया है, वहाँ भी भाषा तो सहज ही रहती है।

और बन्ध? संस्कृत की कविताओं में बन्ध का अक्सर बड़ा महत्त्व होता है। वर्णों के गुरु-लघु की लय, भाव के साथ ताल मिलाती हुई चलती है—जैसे कालिदास के *मेघदूत* में। सूक्तिकारों ने भी मन्दाक्रान्ता जैसे विदग्ध छन्दों का प्रयोग किया है। पर इनके छन्द में वर्ण-संगीत गौण है—कम-से-कम मैंने जो छन्द चुने हैं, उनमें तो यही बात है। इसलिए मैं समझता हूँ कि मूल के बन्ध को आधुनिक 'निर्बन्ध' में या नये बन्ध में पलट देने पर उनमें कहीं बात को—सूक्ति को—ठेस नहीं पहुँचती। बल्कि बात को ठेस तब पहुँचती, जब मूल के बन्ध की प्रतिकृति बनाने की मैं चेष्टा करता।

पर अपने शिल्प के बारे में एक बात और मुझे यहाँ कह देनी चाहिए। मेरे छन्द पिछले कई वर्षों में लिखे गये हैं, इसलिए इनमें रीति, और हो सकता है, 'पाक', का भी अन्तर दिखायी दे। यह संग्रह जितना संस्कृत के कवियों का है उतना ही मेरा भी है, इसलिए यह अन्तर स्वाभाविक ही है।

मूल के स्वीकरण में मैंने जहाँ तक बन पड़ा है अनुवाद का धर्म निभाया है, पर है वह स्वीकरण ही। यों भी रूपान्तरकार अपनी दृष्टि और समझ को बिलकुल तो ताक पर नहीं रख दे सकता। कविता के जिस 'भावन'—समझ, पकड़, शिल्प-बोध—के आधार पर वह रूपान्तर

करता है वही बोध उसे मूल में परिवर्तन करने की ओर भी झुका ही देता है।

एक-दो ऐसे परिवर्तनों की चर्चा ऊपर कर आया हूँ। कुछ और की करता हूँ। 'पेड़ से आगे' में मैंने वैसी ही काट-छाँट की है, जैसी 'आभास' में। 'पेड़ से आगे' का अन्त इतना संक्षिप्त नहीं जितना मेरी कविता का है, "आगे कठिन/पथरीला रास्ता है।" वहाँ कवि कहता है : आगे के रास्ते में न पेड़ हैं, न पानी; विषम चट्टानों से दुर्गम पन्थ है। इस विस्तार को समेटने में मेरा ध्येय यही रहा है कि ध्वनि को कुछ और विस्तार मिल जाये।

'चाँदनी का जाल' में भी थोड़ी-सी शल्य-चिकित्सा की है। ऐसे अवयव को हटाया है जो चित्र में साधक न होकर बाधक-सा लगा। कुमारदास ने झुरमुट के अँधेरे के लिए कहा है : "अलिकुर्बुरं तमः"—"भौंरों से चितकबरा अँधेरा"। पर भौंरों को यहाँ खींच लाने से नाटक की गति में रोध-सा आता है, वांछित संवेग नहीं। मैंने भौंरों को हटा ही दिया है। नाटक को निखारने के लिए और भी थोड़ा परिवर्तन किया है। कुमारदास कहते हैं कि "चाँद अँधेरे को खींच लाने के लिए किरणों को भेज रहा है"—वहाँ भाव यह है कि नाटक अब होने वाला है। मैंने नाटक होता हुआ दिखा दिया है।

'अभिसार' में कवि ने एक रूपक बाँधा है। दिशाओं का तादात्म्य अभिसारिका से किया है। रूपक को सांगोपांग रूप देने के लिए कवि ने अन्य बिम्बों के साथ एक यह भी बिम्ब बाँधा है कि अभिसारिका जैसे नूपुर उतार देती है कि आवाज़ न हो वैसे ही दिशाओं ने कूजते हुए हंसों को दूर कर दिया है—"दूरीकृत्य च नूपुराविव रिपून्हंसान्समुत्कूजतः।" मैं समझता हूँ कि बिम्ब भाव के साथ ठीक जाता नहीं है। भाव के कसाव को शिथिल, म्लान-सा कर देता है। यों भी पुराना, निष्प्राण-हुआ-सा-बिम्ब है। मैंने इसे तराश कर बदल दिया है : "चुप/कोई चिड़िया भी/बोलती नहीं है।"

कहीं-कहीं काट-छाँट नहीं, जोड़-तोड़ है। मैंने मूल की भंगी को बदला है। कुछ हटाया है तो कुछ जोड़ा भी है। 'श्रेयस्' में कवि ने

चम्पा की दशा को एक सामान्य सिद्धान्त का दृष्टान्त-सा बना दिया है। कवि हमसे कहता है : "कोई भी मनुष्य जब किसी विषम स्थिति में फँस जाता है, तो प्राण बचाने के सिवा किसी और श्रेयस् की बात सोच ही नहीं सकता। चम्पा की भी यही दशा है।" कवि की उक्ति में सिद्धान्त प्रधान-सा है, चम्पा की दशा सामान्य का निदर्शन बनकर गौण-सी हो जाती है। मैंने चम्पा की दशा बताना ही उक्ति का ध्येय रखा है—सामान्य कथन को विशेषोक्ति में बदल दिया है।

कुछ ऐसी भी बातें हैं जिन्हें संस्कृत का कवि खुलकर कहता है। अश्लील नहीं समझता। यह नहीं मानता कि उससे भाव के धरातल में कोई गिराव आता है। क्योंकि अश्लील क्या है क्या नहीं, यह संस्कार का, संस्कृति के भावबोध का भी विषय होता है, केवल कही गयी बात का नहीं। पर आज उन्हीं शब्दों में बात कही जाय तो अश्लील ही नहीं फूहड़ भी लग सकती है—भाव के सारे सँवारे हुए ढाँचे को बिखेर सकती है। "मुरला नदी को" कविता के अन्त में मैंने कुछ वक्र भाव से कहा है : "यहाँ गाँव की ढीठ लड़कियाँ/निडर निरन्तर किसी की/ बाँहों में खेल सकती हैं।" मूल में कवयित्री विद्या ने बात को घुमाकर कहने की कोई ज़रूरत नहीं समझी है, दो-टूक, ठेठ शब्दों में कहा है : "अविनयवतीनिर्विच्छेदस्मरव्ययदायिनः"—"अविनय-शीलाओं को यहाँ निर्विच्छेद कामलीला का अवकाश मिलता है।" हम आज इन बातों में अपने को निर्बाध समझने लगे हैं। फिर भी मुझे लगा कि विद्या ने जो बात सहज ही कह दी है और फिर आँच नहीं आयी है, यह हिन्दी में आज के मुहावरे में नहीं चल सकता। ग्राम्यता दोष आ जायेगा। 'वही पेड़' में भी कुछ यही किया है। वहाँ पेड़ जिस याद को हरा करता है वह 'मदनक्रीड़ा-मह' की याद है। इस उन्मुक्त मदन-महोत्सव को मैंने पर्दे के पीछे-सा कर देना ही उचित समझा।

संग्रह की अधिकतर कविताएँ स्वीकरण के रास्ते अनुवाद हैं। पर स्वीकरण के कुछ उन्मुक्त आयाम भी होते ही हैं। किसी शिल्प से अनुप्राणित होकर नयी स्वतन्त्र रचना करना भी स्वीकरण ही है। अन्त

की कुछ कविताएँ इसी अर्थ में स्वीकरण का परिणाम हैं—मेरी अपनी हैं, मैं समझता हूँ कि पुराने शिल्प के अंग पर रची गयी हैं। इनके बारे में और कुछ कहने का अधिकार मुझे नहीं है।

मूल सन्दर्भ

इस सूची में कवि का नाम नहीं दिया गया है। कवि का नाम कविता के साथ है। जहाँ नाम नहीं है, कवि अज्ञात है। जहाँ दो सन्दर्भ हैं, छन्द दोनों में उपलब्ध हैं। ग्रन्थ के साथ की संख्या छन्द की संख्या का संकेत है। जहाँ दो संख्यायें हैं, जैसे "सूक्तिमुक्तावलि १२७, ६" वहाँ पहली संख्या संग्रहकार द्वारा किये गये उपवर्ग की सूचक है, दूसरी उस उपवर्ग में छन्द की।

ग्रन्थों के निम्न संस्करणों का उपयोग किया गया है :

अलङ्कारसर्वस्व : संजीवनी टीका, सं. कु. एस. जानकी, मेहरचन्द लछमनदास, दिल्ली, १९६५

काव्यप्रकाश : सं. हरिशंकर शर्मा, चौखम्बा संस्कृत पुस्तकालय, वाराणसी, १९५१, काशी संस्कृत ग्रन्थमाला, ४९

काव्यमीमांसा : सं. सी.डी. दलाल/प. आर.ए. शास्त्री ओरियंटल इन्स्टीट्यूट बड़ौदा, १९३४, गायकवाड़ ओरियंटल सीरीज़, न. १

चैतन्य चरितामृत : सं. हरे कृष्ण मुखोपाध्याय/सुबोध चन्द्र मजूमदार, देव साहित्य कुटीर, कलकत्ता, १३६१ बंगाब्द

जानकीहरणम् : सं. एस. परन्वितान/सी.ई. गोदकुंबुर, लंका साहित्य मण्डल, श्रीलंका, १९६७

पद्यवेणी : (वेणीदत्तकृत), सं. जतीन्द्र विमल चौधुरी, प्राच्यवाणी मन्दिर कलकत्ता, १९४४

विक्रमाङ्कदेवचरितम् : सं. विश्वनाथ शास्त्री भारद्वाज, हिन्दू विश्वविद्यालयीय संस्कृत साहित्यानुसन्धान समिति, १९५८

श्रीकण्ठचरितम् : प्रकाशक, मोतीलाल बनारसीदास (पुनर्मुद्रण), नयी दिल्ली, १९८३

शृंगारप्रकाश : सं. यतिराज सम्पत् कुमार/जी.आर. जेसियर, गोमठ रामानुज ज्यौतिषिक, मैसूर, १९५६

सदुक्तिकर्णामृत : सं. सुरेश चन्द्र बैनर्जी, फर्मा के.एल. मुखोपाध्याय, कलकत्ता, १९६५

सुभाषितरत्नकोष : सं. डी.डी. कोसाम्बी/वी.वी. गोखले, हारवर्ड यूनिवर्सिटी प्रेस, १९५७

सुभाषितावलि : सं. पीटर पीटरसन/पण्डित दुर्गाप्रसाद, भण्डारकर प्राच्य विद्या संशोधन मन्दिर, पूना १९६१, बम्बई संस्कृत प्राकृत सीरीज़ नं. ३१

सुवृत्ततिलकम् : (क्षेमेन्द्रकृत), काव्यमाला, द्वितीय गुच्छ में अन्तर्निविष्ट, निर्णय सागर प्रेस, मुम्बई, १९३२

सूक्तिमुक्तावलि : सं. एम्बार कृष्णमाचार्य, ओरियंटल इंस्टीट्यूट बड़ौदा, १९३९, गायकवाड़ ओरियंटल सीरीज़

महासुभाषितसंग्रह (खण्ड-१) : सं. लुडविग स्टर्नबाख़, विश्वेश्वरानन्द वैदिक शोध संस्थान, होशियारपुर, १९७६

सन्दर्भ

पृष्ठ	सन्दर्भ	श्लोक संख्या
१.	सूक्तिमुक्तावलि	१२७, ६
२.	सुभाषितरत्नकोष	७८२
	सूभाषितावलि	१७०१
३.	श्रृंगारप्रकाश	३०वें प्रकाश में उद्धृत, पृ. ९९९
४.	सुभाषितावलि	१६२४
५.	सुभाषितावलि	१७०५
६.	सुभाषितरत्नकोष	५३४
७.	सुभाषितरत्नकोष	१६४०
८.	सदुक्तिकर्णामृत	५४३
९.	सुभाषितरत्नकोष	१५०७
१०.	सदुक्तिकर्णामृत	९४३
११.	सुभाषितावलि	१३२६
१२.	सुभाषितावलि	१६०६
१३.	सुभाषितावलि	२०७७
१४.	सुभाषितावलि	१४१८
१५.	सुभाषितावलि	१५७९
१६.	सुभाषितरत्नकोष	४७७
१७.	सुभाषितरत्नकोष	६५३
१८.	सुभाषितरत्नकोष	६६६ (इस संग्रह में अमरु का नाम नहीं है। पर अन्यत्र है)

१९.	सुभाषितरत्नकोष	१६९३
२०.	सुभाषितावलि	१६९३
२१.	पद्यवेणी	७०३
२२.	सदुक्तिकर्णामृत	१९०३
२३.	सुभाषितरत्नकोष	९९६
२४.	सदुक्तिकर्णामृत	१५९८
२५.	सुभाषितरत्नकोष	११७५
२६.	सुभाशितरत्नकोष	१०५१
	सदुक्तिकर्णामृत	१९८५ (अचल सिंह का नाम सदुक्तिकर्णामृत में ही है)
२७.	सुभाषितावलि	७२३
२८.	सुभाषितावलि	(छन्द मूल संग्रह में नहीं है। भूमिका में भट्टमल्लट के नाम से उद्धृत है। देखें, भूमिका पृ. ७७)
२९.	सदुक्तिकर्णामृत	२३६५
३०.	सदुक्तिकर्णामृत	२३६१
३१.	सुभाषितरत्नकोष	१३४३
३२.	सुभाषितावलि	८२१
३३.	सदुक्तिकर्णामृत	१८८१
३४.	सुभाषितावलि	(छन्द मूल ग्रन्थ में नहीं है। भूमिका में यह भट्ट इन्दुराज के नाम से उद्धृत है। देखें भूमिका, पृ. १२)
३५.	सुभाषितावलि	८३०
३६.	सदुक्तिकर्णामृत	१९२१
३७.	सुभाषितरत्नकोष	१०३८
३८.	सदुक्तिकर्णामृत	१२४१
३९.	श्रीकण्ठचरितम्	६, १८

४०.	सदुक्तिकर्णामृत	१९२४
४१.	विक्रमाङ्कदेवचरितम्	७, ७१ (कुछ पाठभेद के साथ यह छन्द जल्हण की सूक्तिमुक्तावलि में भी संगृहीत है : ५९-२७, पृ. २१०, गायकवाड़ संस्करण)
४२.	सदुक्तिकर्णामृत	५३१
४३.	सुभाषितरत्नकोष	२१०
४४.	सुभाषितरत्नकोष	२०९
४५.	सुभाषितावलि	(छन्द मूलग्रन्थ में नहीं, भूमिका, पृ. २८ पर क्षेमेन्द्र के नाम से उद्धृत है)
४६.	सदुक्तिकर्णामृत	४९६
४७.	जानकीहरणम्	३, ८ (परन्वितान और गोदकुम्बुर सम्पादित संस्करण, लंका साहित्य मण्डल, १९६७)
४८.	सुभाषितरत्नकोष	९३१
४९.	जानकीहरणम्	८, ७९
५०.	सदुक्तिकर्णामृत	१३०६
५१.	सदुक्तिकर्णामृत	१३२३
५२.	सुभाषितरत्नकोष	३२२
५३.	सुभाषितरत्नकोष	२५७
५४.	सुभाषितावलि	२४०७
५५.	सुभाषितरत्नकोष	२५९
५६.	सदुक्तिकर्णामृत	२०३१
५७.	सदुक्तिकर्णामृत	१३४०
५८.	सदुक्तिकर्णामृत	१३४९
५९.	सुभाषितरत्नकोष	२२६
६०.	सुभाषितरत्नकोष	११६२
६१.	सुभाषितावलि	७१६

६२.	महासुभाषितसंग्रह (खण्ड १)	१४९० ('नेक्षेत कंचित्' जो पाठ हमने लिया है, स्टर्नबाख़ ने उसे पाठभेद के रूप में दिया है)
६३.	सदुक्तिकर्णामृत	२२२०
६४.	सदुक्तिकर्णामृत	२२९०
६५.	सुभाषितावलि	२२९१
६६.	सदुक्तिकर्णामृत	१२७१
६७.	काव्यमीमांसा	(अष्टादश अध्याय, गायकवाड़ संस्करण, पृ. ९९ पर उद्धृत)
६८.	सुवृत्ततिलक	(क्षेमेन्द्र के छन्दविषयक इस ग्रन्थ में यह हरिणी छन्द का उदाहरण है)
६९.	सदुक्तिकर्णामृत	२०३९
७०.	सुभाषितरत्नकोष	२२५
७१.	सदुक्तिकर्णामृत	१२३१ (सुभाषितरत्नकोष में भी यह छन्द है, सं. १५७)
७२.	सदुक्तिकर्णामृत	१२४४
७३.	सुभाषितरत्नकोष	९६३
७४.	सुभाषितरत्नकोष	३१५
७५.	सूक्तिमुक्तावलि	६३, २३
७६.	सदुक्तिकर्णामृत	१३३८
७७.	सदुक्तिकर्णामृत	१३४५
७८.	सुभाषितावलि	२४१७
७९.	सुभाषितावलि	१८४१
८०.	सदक्तिकर्णामृत	१३५१
८१.	सुभाषितावलि	१७१०
८२.	सुभाषितरत्नकोष	८११
८३.	सुभाषितावलि	८३१

८४.	सुभाषितावलि	८२५
८५.	सदुक्तिकर्णामृत	१९१७
८६.	सदुक्तिकर्णामृत	५३४
८७.	सुभाषितावलि	८०२
८८.	सुभाषितावलि	८०१
८९.	सदुक्तिकर्णामृत	१९२६ (सुभाषितरत्नकोष में यह 'शालिक' के नाम से आया है। 'शालिनाथ' और 'शालिक' अभिन्न जान पड़ते हैं—देखें छन्द १०६२)
९०.	सदुक्तिकर्णामृत	१८९८
९१.	सुभाषितावलि	१०२९
९२.	सुभाषितावलि	८२३
९३.	सुभाषितावलि	१७६८
९४.	सुभाषितरत्नकोष	१६५६
९५.	सदुक्तिकर्णामृत	१३१२
९६.	सुभाषितरत्नकोष	८७१
९७.	सुभाषितरत्नकोष	९८१
९८.	सदुक्तिकर्णामृत	१२५८
९९.	सुभाषितावलि	१००६
१००.	सदुक्तिकर्णामृत	१०७१
१०१.	सुभाषितावलि	१४१७
१०२.	सुभाषितसुधानिधि (सायण)	रतारम्भपद्धति, ५
१०३.	सूक्तिमुक्तावलि	३९, १०
१०४.	सूक्तिमुक्तावलि	८८, १०
१०५.	सदुक्तिकर्णामृत	५३२
१०६.	सदुक्तिकर्णामृत	५३७
१०७.	सदुक्तिकर्णामृत	५३८
१०८.	सदुक्तिकर्णामृत	७८१

१०९.	अलंकारसर्वस्व	(रुय्यक के इस ग्रन्थ की 'संजीवनी टीका' में उद्धृत)
११०.	सदुक्तिकर्णामृत	२२४१
१११.	सूक्तिमुक्तावलि	९५, १
११२.	शार्ङ्गधरपद्धति	९, ३
११३.	सुभाषितावलि	१६२
११४.	सदुक्तिकर्णामृत	२३७४
११५.	सदुक्तिकर्णामृत	२१६१
११६.	काव्यमीमांसा	अध्याय ६ (गायकवाड़ संस्करण के पृ. २५ पर उद्धृत है)
११७.	सदुक्तिकर्णामृत	२१२३
११८.	सदुक्तिकर्णामृत	२१६०
११९.	सदुक्तिकर्णामृत	१०६५
१२०.	सदुक्तिकर्णामृत	२१३७
१२१.	सदुक्तिकर्णामृत	१२८५